L'ORGUEIL DE GUÉRIR

Madeleine et Yves Dienal

L'ORGUEIL DE GUÉRIR

30 patients racontent...
leur pathologie mentale, leur guérison,
leur évolution

Interviews
par Michelle Charraudeau

Albin Michel

22, rue Huyghens, 75014 Paris.

ISBN 2-226-03663-6

À tous nos amis et patients,
à tous nos patients et amis
qui sont le sel fin de notre vie.

« Il est plus facile de briser un atome que de vaincre un préjugé. »

EINSTEIN

« Tous ceux qui veulent faire triompher une vérité “avant son heure” risquent de finir hérétiques... »

TEILHARD DE CHARDIN

« La morale, c’est la science des conditions du bonheur. »

Abbé Marc ORAISON

AVANT-PROPOS

Lorsqu'un chirurgien répare une jambe cassée, tout le monde le croit, c'est habituel depuis longtemps. Lorsque le Pr Barnard greffe un cœur pour la première fois, il rencontre le scepticisme et les critiques, ce n'est pas habituel, mais on finit par admettre.

Mais, lorsque Michelle Charraudeau annonce qu'elle a été guérie d'une maladie mentale, personne ne la croit. Ce n'est plus habituel du tout.

Tel le pèlerin prenant son bâton, elle a pris son magnétophone et est allée enquêter auprès d'une centaine de nos patients les plus anciens et les plus perturbés. Sa désillusion fut grande lorsqu'elle eut communiqué le résultat de ses enquêtes : cent cas n'ont pas plus convaincu l'opinion qu'un seul, tant est ancrée dans les milieux scientifiques, médicaux et médiatiques, la certitude que la maladie mentale est opaque, inexplicable et, en fin de compte, incurable.

Ce livre est construit autour d'une sélection de ses enquêtes qui, avec nos commentaires, se succèdent dans un ordre qui suit la chronologie de nos tâtonnements et de nos recherches.

Elles ont été menées à partir de 1981. En 1988, les protagonistes, nommés ou anonymes, sont venus contrôler leur texte. Tous étaient dans l'état de dynamisme et de bien-être où nous les avions laissés et nous avons été frappés de la force et de l'indépendance qu'ils avaient acquises.

Dans le cours du livre, les « je » et les « nous » alternent. Les nombreux « je » du début remontent à l'époque où Madeleine coopérait aux recherches sans pratiquer encore la psychanalyse.

Si, aujourd'hui, Michelle Charraudeau reprenait son

magnétophone, les « nous » désigneraient l'ensemble de l'équipe de la psychiatrie psychanalytique.

La plupart des interviews sont précédées d'un tableau de la pathologie du patient et de ses traitement psychiatriques. Elles sont suivies d'un bilan du traitement par la psychiatrie psychanalytique, complété d'un résumé technique.

L'ensemble de nos premiers patients, dans des états de pathologie qui échappaient à la psychanalyse, étaient tous psychiatrisés, c'est-à-dire traités par les moyens de la psychiatrie dont le principal est la chimiothérapie. C'est la raison pour laquelle nous faisons référence à la psychiatrie et non à la psychanalyse.

EN GUISE DE PRÉFACE

Une interview du Dr François Le Huche, phoniatre, par Michelle Charraudeau

J'ai d'abord connu Dienal par ses conférences dont l'apport théorique très simple, le bon sens opposé à toutes les théories fumeuses dont on a l'habitude m'ont, d'emblée, séduit.

Depuis longtemps je cherchais quelqu'un qui parle de psychanalyse en langage clair : ce que j'entendais était accessible à tous. J'ai ainsi découvert les théories de Jung dont j'avais un peu entendu parler mais pas de façon assez claire pour que je puisse m'en servir.

Les conférences auxquelles j'ai assisté pendant trois ans m'ont vraiment passionné. Je m'en suis imprégné ; je les enregistrais, les réécoutais... je travaillais beaucoup dessus.

J'ai très vite commencé mon analyse, en séances individuelles et en groupe parce que, indépendamment de la curiosité et de l'intérêt, autre chose me poussait à faire une analyse, un problème personnel qui se traduisait par des bouffées d'émotion très désagréables à chaque fois que je me trouvais en présence de quelqu'un à qui j'avais fait du bien, ce qui était assez fréquent dans ma position de médecin. Dès que l'on me manifestait de la reconnaissance, je me mettais à pleurer.

Cela est terminé et je peux désormais, sans verser de larmes, recevoir les remerciements de mes patients.

J'ai beaucoup gagné sur le plan clinique : j'ai changé beaucoup de choses dans ma manière de procéder avec les patients.

Dans les groupes, j'ai appris à parler avec simplicité des

choses qui, a priori, paraissent les plus dramatiques, les plus douloureuses. L'accueil à n'importe quelle pathologie m'a personnellement enlevé ma frousse face à la maladie mentale et au malade mental. Mes patients à tendance pathologique ne m'effraient plus du tout. Si j'ai un schizophrène en face de moi, c'est d'abord pour moi un être humain, alors que dans le milieu médical, le schizophrène est d'abord un schizophrène avant d'être un être humain, ce qui est assez tragique. Dans la vision de Dienal, la maladie existe, bien sûr, mais ce n'est pas d'elle dont on s'occupe le plus, c'est de la personne qui est derrière.

Les connaissances psychologiques que j'ai acquises me servent beaucoup. En effet, le travail du phoniatre concerne, entre autres choses, les troubles de la voix, souvent liés à des problèmes psychologiques, et si les problèmes vocaux se traitent par rééducation vocale, ils relèvent aussi d'un travail psychologique.

GENÈSE D'UNE CONNAISSANCE

Ce livre est porteur de deux ambitions ou plutôt, diraient certains, de deux prétentions démentielles :

— montrer aux victimes des troubles de l'esprit qu'elles peuvent guérir,

— démontrer aux praticiens que cela est possible.

Le rédiger est une gageure puisque, pour notre démonstration nous sommes conduits à employer des procédés de charlatans.

« Je n'avais plus de cheveux et aujourd'hui, voyez, mon opulente chevelure fait l'admiration de tous... » ; « J'ai rajeuni de trente ans grâce à la découverte du Pr Juvenski... » ; « Je pesais 120 kg. Aujourd'hui, j'en pèse 50, grâce à la méthode californienne... »

Les domaines psychologique et médical n'échappent pas à cette manière de faire. Freud et la psychanalyse laissèrent espérer la guérison des névroses, puis l'on déchanta. Chaque mois, une nouvelle méthode, venue de préférence d'outre-Atlantique, donne une espérance nouvelle et, de nouveau, on déchante. Chaque mois encore, ou chaque semaine, sort des laboratoires une nouvelle pilule qui promet la guérison des anxiétés, des angoisses, des dépressions, et l'on déchante tout autant ; dans les journaux médicaux dont le sérieux ne saurait être mis en doute, ses avantages révolutionnaires s'étalent en gros caractères tandis que les contre-indications se cachent pudiquement en caractères minuscules.

À notre tour, nous venons, et avec les mêmes mots, apporter des promesses de guérison et, mieux encore, la promesse de quelque chose qui ressemble à une vie réussie !

Dans ces conditions, qui pourrait nous croire, à l'exception des centaines de patients que nous avons guéris ou dont nous avons stoppé les premiers troubles ?

Oser énoncer ces guérisons est le procédé même des charlatans, ou du moins des bateleurs.

Par quelle magie, en effet, pouvons-nous prétendre surpasser nos illustres devanciers et contemporains qui eurent, ou ont obtenu, eux aussi, des résultats ?

Et que dire des résultats fracassants de la psychiatrie et de la chimiothérapie si bien résumés dans le seul titre de l'ouvrage du Pr Jean Thuillier : *Les dix années qui ont changé la folie* ? De fait, les fous furieux de naguère sont devenus de paisibles ruminants qui regardent passer le train de l'équipe soignante !

Qu'apportons-nous de plus ou de mieux, et d'où est partie cette prétention ?

Nous refusions d'admettre qu'à une époque où on perce les mystères du Cosmos et les mystères de la transplantation d'un cœur, on ne puisse parvenir à percer ceux des névroses et des psychoses. Quant à notre recherche de la certitude, à notre goût de l'efficacité, à notre démarche, nous les avons tout simplement empruntés à la chirurgie.

Le mystère de l'inconscient nous fascinait tous les deux depuis longtemps. Si l'analyse, au début, a continué à le faire, par la suite, l'insuffisance des réponses à notre attente nous chagrina. Nous avons commencé à lire Freud, puis ses disciples : Allendy, Laforgue.

En même temps, nous écoutions avidement, à la radio, Françoise Dolto. Son don d'observation percutant, mêlé à une intelligence originale toujours abreuvée au bon sens, semblait ignorer toute dévotion au savoir académique. Le droit qu'elle se donnait d'avoir une vue et une interprétation directes et personnelles des éléments psychologiques et de s'exprimer en un langage clair que chacun pouvait comprendre commença à nous libérer de toute entrave d'école.

Et puis, nous en sommes arrivés aux dissidents : Adler et surtout Jung. Nous avons rapidement pris conscience que la somme des connaissances de chaque maître était plus grande que celles d'un seul.

À ce moment, notre expérience personnelle de la psychanalyse remontait à dix ans et nous avions également dix années de réflexion et d'interrogation sur l'origine des fameuses névroses dont tout le monde parle sans très bien savoir de quoi il s'agit.

Ce cheminement était doublé par celui de Madeleine, diplômée en graphologie, ce qui allait jouer un rôle déterminant.

Au cours d'une réunion amicale, j'exprimai à un médecin les perspectives que j'entrevoyais d'un élargissement des connaissances psychologiques qui permettrait peut-être de comprendre les troubles de l'esprit.

Le lendemain, je recevais une dizaine d'appels téléphoniques de désespérés qui m'appelaient de sa part, plus un autre, du Dr S. lui-même qui me dit laconiquement : « Je vous adresse mes incurables psychiatriques, voyez ce que vous pouvez faire pour eux et soyez sans crainte, de toute manière ils sont foutus. »

En l'espace d'une semaine, la clinique psychiatrique était venue à moi, avec ses dépressifs, ses hystériques, ses maniaco-dépressifs, et même ses schizophrènes, tous traités, en vain, depuis des années.

En moins de trois mois, la plupart d'entre eux étaient en bonne forme, à l'exception des schizophrènes.

Les succès paraissaient si extraordinaires que nous étions convaincus que la moitié des maladies mentales pouvaient se guérir, à coup sûr, en moins de vingt séances.

La rapidité de nos premiers succès, la joie du patient émergeant de sa souffrance ou de sa maladie nous frappèrent peut-être encore plus que les guérisons elles-mêmes, et c'est autour de cette rapidité que nos recherches s'organisèrent.

La comparaison des résultats avec la cure psychanalytique orthodoxe était incroyable puisque celle-ci s'étalait, et s'étale toujours, sur plusieurs années à raison de trois séances par semaine, pour des effets incertains.

Restaient les schizophrènes...

Espérant trouver une solution à leur cas, nous nous jetions

à fond dans les manuels de psychiatrie et constations alors que non seulement il n'y avait pas de réponse les concernant, mais qu'il n'y en avait pas plus concernant les pathologies que nous avions apparemment réussi à résoudre d'emblée.

J'étais aussi inquiet que surpris car j'envisageais la possibilité de n'être qu'un guérisseur. J'allai consulter avec modestie les maîtres du moment de la psychiatrie et de la psychanalyse qui, tous, à cette époque, me reçurent avec un grand intérêt et m'aidèrent considérablement de leur expérience, n'hésitant pas à recevoir mes patients et même à se déplacer pour me donner leur avis sur mes cas les plus difficiles. Une seule exception : Jacques Lacan qui n'accorda que deux minutes au téléphone et demanda un petit papier sur le sujet.

Ces rencontres confirmèrent ce que l'on savait et ce que l'on ignorait. Le Dr S., esprit curieux, à l'affût de tout ce qui, nouveau, pouvait être efficace pour ses patients ne s'était pas privé de me répéter que la psychiatrie se trouvait devant un grand blanc et que les moyens empiriques employés, électrochocs ou chimiothérapie, n'expliquaient rien et ne résolvaient, à son avis, guère mieux.

Nous étions dans la position d'un navigateur face à un océan que personne n'avait encore traversé, mais ce tour de table avait au moins levé le mystère des premiers succès. Nous découvrions que chaque école ou discipline a, sur l'esprit et ses pathologies, sa manière de voir qui exclut les autres, et que les chefs des différentes écoles s'ignorent mutuellement. Chaque école voit un « morceau » de l'esprit et en ignore les autres.

La maladie mentale, hier, et encore aujourd'hui, n'est pas de même nature suivant qu'elle est examinée par la psychiatrie ou par la psychanalyse, et suivant qu'elle est regardée par une école ou par une autre.

Subjugués par Freud, subsistait, quelque part en nous, l'idée que la démarche royale était la psychanalyse, telle que définie par lui.

Durant quelques années, nous devions vivre ce conflit

entre l'orthodoxie psychanalytique et une « autre chose », pas encore bien définie, que nous pratiquions.

Dans cet « autre chose », nous faisions une place particulière aux travaux de Jung qui nous entraînaient à des conceptions proches du modèle chirurgical et nous éloignaient de la vision et des protocoles de Freud.

C'est cette implantation mondiale du freudisme qui explique que Jung, mondialement connu, est tout aussi mondialement méconnu, si ce n'est rejeté. Le cheminement de Freud satisfait parce qu'il est étroit : traumatismes et conflits inconscients créent les complexes et les névroses. Jung laisse insatisfait parce qu'il n'a pas de cheminement, il approche l'esprit comme un univers.

Au cours de combien de séances me suis-je reproché, honteux et coupable : « Ce que je fais n'est pas de la psychanalyse », renforcé en cela par Françoise Dolto qui m'avait dit : « Continuez, c'est très bien, mais ce n'est pas de la psychanalyse. »

Cependant, avec ce « quelque chose » qui n'était pas de la psychanalyse, les patients continuaient à s'améliorer ou à guérir à une rapidité inhabituelle.

Introduction très brève à la psychiatrie psychanalytique

Psychiatrie,
Psychanalyse
Psychothérapie
Psychologie
et Psychiatrie-psychanalytique...
De quoi s'agit-il ?

La *Psychiatrie*, nous dit le dictionnaire, « est la partie de la médecine occupée de la connaissance des maladies mentales et de l'art de les guérir ».

La psychiatrie, traditionnellement, repose sur l'hypothèse que les troubles mentaux sont les résultat de perturbations biologiques, c'est-à-dire organiques, que les progrès de la science permettront un jour de déceler et de guérir.

Voici ce qu'en dit un homme de l'art, le Pr Édouard Zarifian :

> « Le bilan de la psychiatrie biologique, avec ses concepts et ses méthodes, est aujourd'hui négatif. Après vingt-cinq ans d'efforts poursuivis dans la même direction, personne ne peut contester :
>
> — que l'on ne dispose d'aucun index biologique spécifique d'une maladie mentale ;
>
> — que l'on ne connaît aucune étiologie biologique incontestée d'une maladie mentale ;
>
> — que nous ne pouvons ni affirmer biologiquement les diagnostics, ni prévoir une évolution, ni prédire une réponse à un traitement médicamenteux ;
>
> — que nous ne connaissons pas le support biologique exact de l'effet thérapeutique des psychotropes[1]. »

Il n'en est pas moins vrai que les procédés de la psychiatrie biologique sont capables de calmer considérablement les états anxieux, dépressifs et délirants, même s'ils ne les expliquent pas et ne les résolvent que rarement.

La Psychanalyse et son appellation ont été inventées par Freud. Il a émis l'hypothèse qu'il existait un « appareil psychique », donc une réalité psychologique, indépendante de la réalité biologique.

Mais Freud s'est aveuglé ou, plutôt, s'est éborgné. De toute éternité, on connaissait le conscient, et lui, obnubilé par l'inconscient qu'il avait mis en lumière, a attribué l'origine de tous les troubles de l'esprit à des traumatismes et conflits vécus dans l'enfance et situés dans ce seul inconscient.

Il fit alors une confusion lourde de conséquences : oubliant de connaître l'appareil psychique, c'est-à-dire l'esprit tout entier, il donna toute l'importance à la méthode d'investigation destinée à retrouver ces événements.

---

1. *Les Jardiniers de la folie*, éd. Odile Jacob, septembre 1988.

La méthode a oublié la connaissance de l'esprit.

Ces deux disciplines majeures n'ayant pas donné de satisfactions suffisantes, des dizaines de méthodes de psychothérapie, pour ne pas dire des centaines, sont en train d'envahir le monde.

Si l'hydrothérapie est une méthode de soins par l'eau, la chimiothérapie, une méthode de soins par la chimie, le mot psychothérapie a, lui, perdu son véritable sens qui est soin par l'esprit.

On appelle aujourd'hui *Psychothérapie* toute tentative de soigner l'esprit par des moyens non médicaux. C'est ainsi qu'on entend parler de psychothérapie corporelle, c'est-à-dire de techniques qui utilisent le corps pour soigner l'esprit.

Schématiquement, est censée faire de la psychothérapie toute personne qui s'évertue par un quelconque moyen, non médical, à soigner l'esprit.

Le mot *Psychologie* (du grec *psykhe* qui signifie âme ou esprit et *logos* qui signifie discours) inclut sans distinction de spécialité tout discours sur l'esprit : la psychanalyse s'inscrit donc tout autant que la psychiatrie dans le champ de la psychologie.

Le sens des mots a largement dérivé et chacun a du mal à s'y retrouver puisqu'il est admis que la psychanalyse, la psychiatrie et la psychologie sont étrangères les unes aux autres !

La psychiatrie psychanalytique

Constatant nous aussi les insuccès de ces disciplines, nous avons entrepris de nouvelles recherches.

D'emblée, pour approcher l'esprit — et non le corps —, nous nous sommes orientés suivant le modèle chirurgical pour lequel toute intervention repose sur une connaissance *préalable* de l'anatomie et de la physiologie.

Au cours de nos tâtonnements, peu à peu se sont précisées une anatomie et une physiologie de l'esprit, satisfaisantes, puisqu'elles permettent de comprendre, d'expliquer et de parvenir à résoudre les troubles de l'esprit.

Ainsi, partis du catalogue précis des pathologies mentales dressé par la psychiatrie et de l'hypothèse de la psychanalyse qu'il existe un appareil psychique, autonome, différencié du corps, nous sommes parvenus à réaliser la mission de la psychiatrie : comprendre et guérir la maladie mentale.

Notre approche, indissociable de la psychiatrie et de la psychanalyse, nous l'avons baptisée *Psychiatrie psychanalytique.*

Paradoxalement, l'ensemble des connaissances qui nous permettent aujourd'hui de triompher sont évidentes, connues de tous et de toute éternité.

En effet, nous n'apprendrons à personne qu'il existe des sensations, des sentiments, que le philosophe pense et que l'intuition guide l'esprit de l'inventeur.

Ce sont là les quatre fonctions de l'esprit mises en lumière par Jung et qu'il a appelées : *sensation, sentiment, pensée* et *intuition,* et comme elles peuvent être soit introverties (tournées vers notre monde intérieur) soit extraverties (tournées vers le monde extérieur), nous nous trouvons en présence de huit fonctions.

L'affinement de nos recherches nous a conduits à en considérer deux autres.

Il n'est pas non plus nouveau de dire qu'il existe des esprits rapides et des esprits lents, des gens actifs et d'autres paresseux, des personnes émotives et d'autres tranquilles.

Telles sont les données de la caractérologie de Le Senne avec la *Primarité* et la *Secondarité,* l'*Activité* et la *non-Activité,* l'*Émotivité* et la *non-Émotivité.*

Et nous frisons le ridicule lorsque nous énonçons, telle une découverte, qu'il existe des hommes et des femmes conditionnés par la *virilité* et la *féminité.*

Si Freud croyait que la femme était un homme castré, Jung a quelque peu compliqué l'affaire en démontrant que non seulement la femme était aussi originale que l'homme, mais encore qu'une féminité mal consciente habitait l'homme (l'*anima*), et qu'une virilité mal consciente habitait la femme (l'*animus*).

Si Freud a imposé au monde l'existence de l'inconscient,

nous avons pour notre part « redécouvert » le conscient, connu, lui aussi, de toute éternité.

Alors que la psychologie mondiale, à l'instar de Freud, tente d'expliquer les pathologies mentales au travers d'une structure unique, l'inconscient personnel, nous venons, sans qu'il y paraisse, d'énoncer vingt-deux structures et caractéristiques de l'esprit.

Ce ne sont là que quelques-uns des éléments qui nous ont permis de dessiner notre modèle « chirurgical » de l'esprit.

Le développement variable de tout ou partie de ces structures va conditionner notre forme d'intelligence, notre intelligence tout court, notre équilibre, ou notre déséquilibre jusqu'à l'aliénation mentale.

Ajoutons à cela les effets et les conséquences des innombrables informations, justes ou fausses, que notre esprit a recueillies depuis l'enfance.

Ce considérable arsenal nous est livré à la naissance sans notice descriptive et sans mode d'emploi ; la difficulté de le mettre en œuvre et les multiples pannes possibles dépassent infiniment en complexité l'hypothèse freudienne des traumatismes et conflits de l'enfance. On n'extirpe pas le mal d'un dos qui souffre, on lui apprend à se muscler.

Nous avons fait largement la preuve que ce ne sont pas les traumatismes vécus qui nous font le plus souffrir, mais ce qui ne nous est pas arrivé ou que nous ignorons, c'est-à-dire ce qui nous manque.

Il suffit parfois d'expliquer l'émotivité et comment la gérer ou quelle est la fonction déficiente et comment la développer, pour qu'en quelques semaines le patient passe de la souffrance ou bien-être.

C'est ainsi que nombre de réparations évoquées dans ce livre paraîtront simples, si simples qu'on les dirait simplistes.

Mais, pour percevoir une fonction ou sa déficience, encore faut-il que, chez le praticien, la fonction correspondante soit consciente et développée.

Au milieu du dédale des structures de l'esprit, trouver le juste point où se situe l'opération nécessaire est aussi improbable, pour qui n'y est pas préparé, que trouver une aiguille dans une meule de foin.

Puissions-nous, par cette simplicité apparente, ressembler au modèle chirurgical dont les actes apparaissent d'autant plus simples que le savoir du chirurgien est grand et qu'est précis son savoir-faire.

« Si la survie est difficile, une transplantation cardiaque est en soi un acte facile », disait un chirurgien.

La pratique

Lorsqu'on nous demande quelle est notre méthode et à quelle école nous nous rattachons, nous répondons invariablement que nous n'avons pas de méthode.

La psychiatrie psychanalytique est une connaissance de l'esprit qui ne se rattache pas plus à une école que la connaissance du squelette. Notre méthode, comme celle du chirurgien, consiste tout simplement à réparer ce qui doit l'être.

L'enseignement théorique des connaissances est dispensé chaque année, depuis 1970, en 25 conférences destinées à nos patients tout autant qu'à tous publics ; le langage se veut accessible à chacun, quelle que soit sa formation culturelle ou professionnelle.

Cet enseignement est mis en pratique dans les groupes de psychanalyse et de formation qui sont, dans le même temps, thérapeutiques et didactiques.

Dans le groupe composé au maximum de huit personnes, chaque participant, alternativement, est patient ou joue le rôle d'analyste devant les autres qui écoutent. Il ne s'agit donc pas d'une « psychanalyse de groupe » au sens habituel du terme, mais d'analyses individuelles devant le groupe.

En situation de patient, chacun étudie les problèmes à l'intérieur de lui ; en situation d'analyste ou de spectateur, il les perçoit à l'extérieur.

L'évolution est d'autant plus rapide que le patient a une meilleure compréhension de l'ensemble des problèmes et des mécanismes psychologiques.

Si Freud a donné une image inquiétante de l'inconscient et une autre douloureuse de l'analyse, nous verrons, dans les récits qui suivent, que les groupes sont tout à la fois lieu de psychanalyse, université, clinique psychiatrique à l'occasion, théâtre de la vie consciente et inconsciente avec ses joies et ses peines, et toujours réunion d'amis. L'amitié est d'autant plus authentique que la connaissance mutuelle est profonde.

Cette amitié et cette affection dont presque tous parlent ne sont pas un élément démagogique mais un point fondamental de la vie de l'esprit : la fonction Sentiment.

La « peur » des autres et du jugement des autres, maladie très généralisée, se transforme en connaissance de soi et d'autrui qui, éclairée par la conscience du sentiment, devient tout naturellement sympathie, amitié et affection.

C'est la méconnaissance de cette fonction chez l'analyste et le patient qui a érigé en méthode la névrose de transfert.

C'est en situation d'analyste dans les groupes que se révèlent talent et savoir-faire jusqu'au niveau professionnel. Les participants constituent un jury perpétuel qui interdit complaisance et favoritisme.

Ainsi préparé par les conférences et l'analyse en groupe, l'approfondissement peut se poursuivre en *séances individuelles.*

Nous considérons deux stades dans l'analyse : un premier qui, généralement court, vise à la résolution des problèmes majeurs ou de la pathologie, et un second, plus long, qui est la poursuite du développement de la personne « alors que tout va bien ».

C'est ce stade qui, au-delà des troubles, va apporter aux patients leur accomplissement et leur qualité de vie, et leur permettra, en cas de pathologie lourde, de ne pas rechuter.

Comme en matière de culture physique, la majorité est peu exigeante et s'arrête dès que le soulagement des douleurs est obtenu.

N'oublions pas que Freud est le grand précurseur. Il a dit : « Je suis un conquistador, j'ai frayé le chemin, d'autres le poursuivront. » Nous sommes donc plus à son modèle que ceux qui conservent pieusement ses reliques.

PREMIÈRE PARTIE

LE GRAND SUSPENSE DE LA MALADIE MENTALE

Il paraît évident qu'une enquête policière découvre le coupable, qu'un médecin découvre l'origine d'une maladie, qu'Archimède ait découvert son fameux principe, ou que les avions sillonnent le ciel.

C'est donc évident pour tous, mais bien peu se soucient des tâtonnements, des hypothèses, des échecs, et bien souvent des années de recherches qui ont permis d'aboutir à ces résultats. Ainsi, les psychiatres qui voient un de nos patients guéri affirment que ce n'était pas une *vraie* dépression, pas une *vraie* névrose d'angoisse, pas une *vraie* manie dépressive, pas une *vraie* schizophrénie puisque le patient est guéri, ce qui sous-entend que les maladies mentales sont incurables, ou que le médecins qui avaient posé les diagnostics s'étaient trompés.

Mettons-nous dans la situation dans laquelle je me trouvais face au cas de Jeanne qui fut annoncée par un appel téléphonique de son mari : « Le Dr S. m'a donné votre adresse, ma femme est très malade, je voudrais vous rencontrer. Elle est folle depuis des années, nous avons consulté les plus grands professeurs, elle est incurable ; mes enfants et moi nous l'aimons bien, alors nous l'acceptons comme ça, sans illusion pour la suite. »

C'était en 1964, Jeanne était étiquetée « maniaco-dépressive ». Le dernier psychiatre, chef de clinique, avait averti : « J'ai tout essayé, je ne peux plus rien pour vous. »

L'énigme qui m'était proposée était celle-ci : de quoi souffre Jeanne ? Quel est ce mal mystérieux qui l'habite, dont personne ne comprend l'origine et dont la résolution n'existe dans aucun manuel ?

JEANNE

Une résurrection éclair

Mariée, 2 enfants, 62 ans lors de l'interview en avril 1981

PSYCHIATRIE

1950-1964 : de 30 à 44 ans (quatorze ans)

Diagnostic : manie dépressive

Juillet 1950	Début de dépression	
	1re hospitalisation : trois semaines	
	Traitement :	8 électrochocs
	Résultat :	état de grande prostration, abrutissement, perte totale de la notion du temps, retour des idées dépressives
Hiver 1950-51	*Traitement :*	12 séances de narco-analyses
	Résultat :	état d'aboulie pendant deux ans, jusqu'à 1953
1953-1960	Vie de ménagère mais état permanent de malheur et d'angoisses	
Mai à octobre 1960	Alitée dans le noir	
	Traitement proposé :	cure de sommeil Refus de la patiente
1960-1964	*Traitement :*	chimie à fortes doses
	Résultat :	pas d'amélioration

1964 *Avis du psychiatre,* chef de clinique : « Nous avons tout essayé, je ne peux plus rien pour vous. »

C'est en 1950, j'avais alors 30 ans, que sont apparues les premières manifestations de dépression.

En clinique psychiatrique, j'ai subi une série d'électrochocs pendant trois semaines. À la suite de ceux-ci je suis restée abrutie pendant des mois.

Puis sont revenues les pensées dépressives, les mêmes que celles qui m'avaient amenée à la clinique. Ça n'allait donc pas mieux.

On m'a ensuite fait des narco-analyses. Ça a été un peu moins mal, mais ça n'a pas duré.

En 1960, j'ai lu un article dans lequel on disait que grâce à la découverte des neuroleptiques la dépression n'était plus un problème. Je suis allée trouver mon médecin qui m'a donné un traitement. Au début je prenais peu de médicaments, puis j'en ai pris de plus en plus.

Durant toute ma maladie, je ne pouvais pas travailler, j'étais chez moi, j'avais mes enfants, je passais les deux tiers du temps au lit et le matin je me disais : Comment arriver jusqu'à ce soir ? Quand je voyais tout ce que j'aurais dû faire normalement, c'était terrible !

Les médicaments ne m'ont rien fait, le remède était pire que la maladie. Le psychiatre a donc arrêté le traitement en disant : « Madame on a tout essayé, je ne peux plus rien pour vous. »

Découragée, je suis allée trouver un autre médecin et je lui ai dit : « Voilà, j'ai une dépression, je vois bien qu'il n'y a rien à faire, je dois vivre avec. » Il a souri et m'a répondu : « Ne parlez pas comme cela ; aujourd'hui il y a des moyens d'en sortir » et il m'a donné l'adresse d'Yves Dienal.

Pour moi, il n'était pas question d'aller voir un psychanalyste ; je pensais que s'il pouvait le mieux il pouvait également le pire, et dans l'état où je me trouvais... Mais le médecin m'a affirmé « qu'il ne me ferait pas de mal ».

À ce moment-là j'avais, de plus, de grosses difficultés financières, mais j'avais envie d'en sortir. J'ai réfléchi et finalement je me suis dit : « Eh bien cet argent, je vais l'emprunter et, si je guéris, je travaillerai pour le rendre. » Je jouais ma dernière carte...

C'était en 1964. J'ai eu huit séances d'analyse avant les vacances d'été. Et... un matin, c'était le premier dimanche de juillet, je me suis réveillée, il faisait beau, il y avait du soleil et j'avais envie de faire quelque chose. Cela ne m'était pas arrivé depuis sept ans. J'ai joué au tennis et j'étais heureuse.

Lorsque j'ai revu Yves Dienal, au retour des vacances, il m'a dit : « Maintenant que ça va mieux, il faut travailler immédiatement. » J'avais 45 ans, je n'avais jamais rien fait, mais il était persuadé que je réussirais.

En janvier 1965 (je ne voyais plus Yves du tout), je prenais un emploi de secrétaire, puis je m'inscrivais pour passer un brevet professionnel. Sitôt mon brevet passé, j'achetais un cabinet de courtier en assurances. Que de difficultés au début ! mais je m'accrochais.

Mon mari était persuadé que ça ne marcherait pas, il ne m'a pas du tout aidée. Mais Yves avait raison, ça a très bien marché.

Je peux dire que mon analyse a complètement changé ma vie.

Je mène maintenant une vie très active, je travaille durant la semaine. Je passe mes week-ends à la campagne, chez mon fils qui est agriculteur. Il a une vieille ferme dans laquelle je fais tout, y compris la retaper...

J'ai 4 enfants et 5 petits-enfants avec lesquels je suis dans les meilleurs termes, c'est merveilleux. J'ai appris à conduire à l'aîné de mes petits-enfants et je vais faire du camping avec lui pendant les vacances, ce que je n'ai jamais pu faire avec mon mari et mes enfants.

À la fin de l'année, je vais laisser mon cabinet, j'ai l'intension de consacrer plus de temps à mes loisirs, à réaliser tout ce que je n'ai pas pu faire jusqu'à présent.

L'analyse m'a appris à me remettre en cause. Elle m'a aidée dans mes relations avec mon mari, mes enfants et mes amis. Elle m'a appris à trouver ce qui m'est agréable, et à le faire. Elle m'a aidée à mieux comprendre les autres et à respecter leur personnalité propre...

Aujourd'hui j'ai 60 ans, je vieillis avec beaucoup de facilité, sans aucun complexe.

Je voudrais ajouter que, dès le début de mon analyse, j'ai compris ce qu'on m'expliquait et que c'était moi qui détenais le pouvoir de le mettre en pratique. Ce fut une révélation fulgurante. Je devenais responsable de moi-même, de mes actes.

J'étais devant une belle femme de 44 ans, élégante. Sa communication était celle d'une personne bien élevée, froide, distante, absente, un peu comme si elle était tout à la fois ici et ailleurs.

Elle commença par me dire qu'elle avait un bon mari, de bons enfants, de bons parents, une belle maison et qu'elle se sentait très coupable d'être malade.

Je lui demandai de me raconter sa vie depuis son enfance.

Tout au long de son récit, il m'apparut qu'elle avait effectivement de bons parents, mais que ces parents étaient d'un naturel froid, peu intellectuels, et qu'ils ne s'étaient guère plus occupés du développement de sa vie affective que de sa culture générale. Jeanne avait traduit que si ses parents s'étaient peu intéressés à elle, c'était parce qu'elle était peu intéressante, ce qui paraissait tout à fait logique.

Cette acceptation muette de sa médiocrité la conduisit, vers les 20 ans, en sanatorium où elle rencontra celui qui eut la « bonté » de s'intéresser à cette femme peu intéressante. Quand ils furent mariés, il était habituel que, dans la rue, son mari marche, soit vingt mètres devant elle, soit sur le trottoir d'en face. Aucune révolte, ni consciente ni inconsciente, de la part de Jeanne ; il était normal que ce mari ne veuille pas se montrer aux côtés d'une femme si peu intéressante.

Jeanne vivait dans l'univers de sa médiocrité acceptée comme une inéluctable réalité.

C'est à ce moment-là que va avoir lieu le divorce avec Freud et avec le protocole psychanalytique. En bon psychanalyste, j'aurais dû rester neutre et attendre qu'elle découvre la fiction dans laquelle elle avait été enfermée par ses parents, par son mari et, par-dessus tout, par elle-même. Le compte eût été bon à trois séances par semaine et pour des années durant lesquelles elle aurait rabâché indéfiniment son malheur dont elle n'était pas consciente, c'est-à-dire sa médiocrité sans issue et le poids de sa culpabilité vis-à-vis de ces gens qui étaient si bons pour elle.

Mon sens de la vie et mon bon sens ne surent pas rester aliénés par un protocole, fût-il freudien.

Je lui exprimai mon chagrin pour cette petite fille privée de compréhension, d'attention et de manifestations d'affection. Elle resta incrédule quand je lui dis que son intelligence était tout à fait satisfaisante, et encore plus lorsque je lui dis qu'elle était belle et que Madeleine, qui l'avait aperçue, avait dit la même chose.

Pour elle, l'univers se renversait ou, plutôt, se redressait. Pour la première fois de sa vie, quelqu'un, investi d'une autorité pour juger, l'estimait et l'appréciait.

Mais, pour lui faire assimiler un fait aussi simple, simpliste, diraient certains, il ne fallut pas moins de huit séances de travail opiniâtre... à l'issue desquelles elle me téléphona un matin pour me dire : « Pour la première fois de ma vie, et je ne sais pas pourquoi, je me sens bien et heureuse. »

Comme tout cela est simple, direz-vous. En fait, est-ce simple puisque nous avons autant de patients, grands malades mentaux pour avoir été, eux, trop adulés ? La compréhension du problème de Jeanne n'est pas évidente puisque l'essentiel de ce que l'on enseigne en faculté, dans la continuation de Freud, va exactement à l'inverse de l'origine que nous avons trouvée à cette pathologie. Ce sont des certitudes conscientes qui fixaient la pathologie et non des traumatismes inconscients.

Pas si simple non plus, puisque notre attitude dans ce traitement va, elle aussi, exactement à l'inverse du sacro-saint protocole défini par la sacro-sainte psychanalyse orthodoxe. Au lieu de l'écoute muette, nous lui avons expliqué directement l'origine de son problème.

Après sa guérison, en pleine forme, Jeanne continua son analyse pendant une année environ à raison d'une séance par semaine.

Quelques années plus tard elle vint me voir plusieurs fois pour étudier ses attitudes vis-à-vis de l'un de ses enfants qui, lui aussi, me consulta quelquefois.

Pour mémoire : psychiatrie, quatorze ans

PSYCHIATRIE PSYCHANALYTIQUE

Juin et juillet 1964	se sent bien et heureuse disparition de tous les troubles arrêt de toute chimiothérapie entrée dans la vie professionnelle

Poursuit son analyse pendant un an pour son développement

Le coin technique

Fonctions de l'esprit	équilibre des 4 fonctions Sentiment et Pensée prédominants	
Introversion Extraversion	équilibrées, prédominance de l'introversion	
Féminin Masculin	équilibrés	
Caractère	non-émotif actif secondaire	Flegmatique

Des guérisons peu orthodoxes qui donnent à réfléchir

Georges, un colosse de cent kilos qu'une équipe devait maîtriser pour lui faire ses piqûres de calmants et qui ne pensait qu'à se «foutre en l'air», se sentit mieux en six séances.

Deux femmes du monde me furent adressées. L'une qui ne faisait rien et l'autre qui en faisait trop avaient en commun de pleurer toute la journée sans raison connue. Il était difficile de savoir si elles pleuraient parce qu'elles étaient désespérées ou si elles se désespéraient de pleurer.

Dans ces trois cas, je suivis le fil freudien en faisant raconter la vie et en espérant retrouver des traumatismes inconscients de l'enfance.

Je désespérais un peu de mes qualités d'analyste parce que la plupart des traumatismes que je détectais étaient conscients ou peu s'en faut, et la plupart des événements traumatisants ne se situaient pas dans le passé mais dans le présent !

Freud avait, en partie, raison sur le fond au sujet de notre colosse qui était oppressé par une enfance malheureuse et ennuyeuse ; il semblait avoir tort sur la forme car, au lieu d'attendre que les malheurs veuillent bien remonter d'eux-mêmes, je le «tire-bouchonnais» vigoureusement.

Freud semblait avoir tout à fait tort et le simple bon sens tout à fait raison parce que l'essentiel de la dépression venait de ce que notre colosse, après avoir eu pendant des années des activités professionnelles colossalement passionnantes, à la suite de circonstances économiques indépendantes de sa volonté, se retrouvait avec des activités colossalement ennuyeuses qui le laissaient colossalement désespéré et impuissant.

Au lieu de chercher de nouvelles solutions, il se concentrait, avec ses médecins, sur les malaises colossaux qu'il ressentait et pour lesquels on lui donnait différentes solutions médicamenteuses !

Si nous nous étions contentés d'attendre la seule remontée des malheurs de l'enfant, après des années nous nous interrogerions encore sur les mécanismes de sa dépression non encore résolue.

Pour ce qui est des deux dames, l'une, adulée dans l'enfance, se désespérait de ne l'être pas du tout par son mari, et l'autre, hyperactive, s'était trompée d'activité ; elle était femme d'affaires, elle devint, après l'analyse, sculpteur et décoratrice.

Malgré cette absence de traumatismes anciens et inconscients, les patients, à ma grande honte, s'obstinaient toujours à guérir.

Il était évident que je continuais de faire à l'esprit ce « quelque chose » qui n'était pas prévu dans les protocoles thérapeutiques, mais qui se révélait d'une efficacité constante et durable.

Si, traditionnellement, une psychanalyse est douloureuse, je constatai avec étonnement, que même si les patients travaillaient durement, ils n'en manifestaient pas moins un plaisir évident à venir à leurs séances.

Nous dégagions, à ce moment, un protocole qui, bien que encore imprécis, consistait à faire parler le patient qui s'attardait sur tous les aspects de la vie et pas seulement sur les traumatismes anciens et inconscients. Ceci dans un climat de dialogue qui, se voulant analytique, donc neutre et distant, dérapait rapidement en un échange amical et même affectif.

MAUD

L'hystérie ou la spasmophilie

vaincue avant d'être comprise

Veuve, un fils de 7 ans, manipulatrice en radiologie, 34 ans au moment de l'interview en mai 1981

J'avais 18 ans lorsque je suis venue en analyse.

Depuis l'âge de 16 ans je me sentais de moins en moins bien. Les choses se sont progressivement dégradées jusqu'à ce que je ne puisse plus supporter d'aller au lycée. Le contact avec les professeurs, les élèves, devenait pour moi quelque chose d'insupportable. Si par hasard j'étais interrogée j'étais à la limite de la syncope.

Même dire bonjour à quelqu'un était une épreuve que j'arrivais de moins en moins à surmonter.

Dans le même temps je me suis mise à avoir des crises pseudoépileptiques. J'en avais aussi bien à la maison que dans la rue.

Mes parents étaient assez inquiets, le médecin consulté m'a fait faire toute une série d'examens qui n'ont rien révélé. Il a alors donné à mes parents l'adresse de Yves Dienal.

J'y suis allée ne sachant pas du tout ce que j'allais faire ; mais après tout, aller là ou ailleurs... !

Je me suis trouvée devant un monsieur qui me posait des questions auxquelles je n'étais capable de répondre que par « oui », « non », « je ne sais pas ».

Toutefois, ce que je n'étais pas capable d'exprimer oralement, je pouvais l'écrire. Alors j'amenais des pages et des pages à mes séances, et à partir de mes écrits il me posait des questions.

Maud a 18 ans, c'est une fille grande, solidement charpentée, visiblement habitée par un état permanent de tension, de

malheur et de panique. Sa famille et le Dr S. m'ont informé qu'elle faisait de nombreuses crises convulsives à forme épileptique.

Notre protocole empirique restait inapplicable puisqu'en dehors de : « Bonjour, au revoir, oui, non, je ne sais pas », Maud était incapable de parler. Elle s'exprimait cependant soit en pleurant... beaucoup, soit en s'évanouissant, en particulier devant la loge de notre gardien qui nous la ramenait, pantelante, dans ses bras.

À toute chose, malheur est bon. À la même époque, nous avions un patient presque schizophrène qui se trouvait là un jour où le gardien nous amenait Maud. Le choc de cet événement, extérieur à lui, fut tel que, durant un moment, il eut un comportement tout à fait normal, demandant de quelle façon il pouvait se rendre utile, ce qui commença à nous apprendre que c'est en intéressant les schizophrènes à ce qui se passe à l'extérieur qu'on peut les extraire de ce qui les occupe à l'intérieur.

Qu'avait donc Maud ?

Selon Freud, c'était un cas typique d'hystérie. Nous sommes d'accord, mais comment le guérir, étant entendu que l'on m'envoyait des patients, à moi, parce que j'allais les guérir vite.

Après quelques séances, Maud ne parle toujours pas, mais elle apporte des pages d'écriture qui traitent d'un sujet unique : sa nullité impardonnable qui justifie que tout le monde la laisse tomber et qu'elle laisse tomber son analyse, dans ces conditions, inutile.

Si Freud expliquait l'hystérie par des refoulements et des frustrations sexuels, aucun manuel n'expliquait cet autodénigrement que nous allons rencontrer à peu près chez une personne sur quatre, et dont on va, en fin de compte, trouver le germe chez chacun d'entre nous.

L'autodénigrement de Jeanne, notre cas précédent, s'expliquait puisqu'elle n'avait jamais été appréciée ; celui de Maud ne s'expliquait pas puisqu'elle était estimée de tous et tendrement aimée.

La graphologie et Madeleine allaient, ici, commencer à jouer leur rôle déterminant. Le graphologue n'a pas pour mission de guérir les maladies mentales, il est occupé de définir les personnalités.

Si l'on ne pouvait comprendre l'origine des perturbations de Maud, du moins pouvait-on s'orienter suivant les caractéristiques de la personnalité. Alors que Jeanne appréhendait la vie avec des raisonnements intellectuels et expliquait sans aucune émotion qu'il est logique, donc normal, que personne ne s'intéresse à quelqu'un d'inintéressant, Maud, d'une personnalité différente, n'approchait la vie qu'au travers de ses sensations intérieures, agréables ou désagréables, dans l'impossibilité absolue d'expliquer à elle-même ou à quiconque pourquoi une chose était agréable ou désagréable et la rendait heureuse ou malheureuse, ou pourquoi elle ne valait rien. « Je ne sais pas, c'est comme ça. »

Sans qu'il y paraisse, cette constatation représentait un progrès considérable sur l'académisme d'alors et d'aujourd'hui. Nous acceptions le principe qu'une pathologie puisse être la simple exagération des tendances naturelles d'une personnalité. Nous ne cherchions plus sur un seul axe, celui de la compréhension d'une pathologie, mais sur trois axes :

— celui de la compréhension de la personnalité,

— celui de l'histoire du sujet,

— la rencontre des deux qui, dans certains cas, peut aboutir à la maladie.

Dans le cas de Maud, un seul axe donnait une réponse, le premier, c'est-à-dire les caractéristiques *de la personnalité*, qui s'orientait selon ses sensations (agréables ou désagréables) et des sentiments (de malheur) impossibles à exprimer avec des mots.

Quant à *son histoire*, elle n'expliquait pas cette nullité qu'elle s'appropriait et qui engendrait un autodénigrement lancinant et obsessionnel puisqu'elle est très aimée et très appréciée, et objectivement belle fille.

Donc, pas de rencontre des deux pour expliquer la pathologie, et pourtant... en quelques semaines les crises avaient disparu ; elle pouvait parler et, après quelques mois, elle reprenait ses études.

Faute de mieux, nous avions négligé la pathologie et nous

nous étions préoccupés de la personne. Nous avions pu prendre cette distance avec les symptômes de la pathologie parce que nous avions envisagé que la compréhension de la personnalité pouvait être l'essentiel de la compréhension de la pathologie.

Nous étions en train de rompre avec la conception psychiatrique qui cherche à expliquer la « maladie mentale » dans une meilleure connaissance de la « maladie mentale ».

Nous avons donné à Maud de l'attention, de la compréhension, de l'affection, et même de la tendresse, et nous étions ainsi, bien loin, encore une fois, de la neutralité froide.

Ces particularités de personnalité que la famille comprenait mal avaient créé une sorte de rupture de communication. Maud ne se comprenait pas, ne comprenait pas sa famille, et sa famille, malgré toute sa bonne volonté, ne parvenait pas à la comprendre, d'où une situation d'insécurité, d'angoisse, de malheur et de panique.

Maud se rejetait elle-même parce qu'elle n'était pas comme tout le monde.

Nous étions passés outre aux théories du transfert et du contre-transfert, remplacés par un échange authentique d'estime et d'affection qui n'a jamais cessé.

J'avais dû arrêter ma scolarité mais, les choses s'améliorant rapidement, je me sentais capable de reprendre des cours à la rentrée suivante. Toutefois je voulais quelque chose qui me permette de me débrouiller seule rapidement. Pour mes parents le baccalauréat était une chose indispensable mais j'ai obtenu qu'ils me laissent faire une école de secrétariat. C'était une victoire ! Cette victoire je ne l'ai pas obtenue seule.

Les somatisations, à savoir les crises pseudoépileptiques, ont totalement disparu. Je n'en ai jamais eu depuis vingt ans.

Des crises d'hystérie étudiées par Charcot et Freud,

certaines ont changé d'appellation et portent, aujourd'hui, celle de crise de spasmophilie, fort à la mode actuellement.

Leur origine, pour l'académisme médical et psychologique, est toujours un mystère, mystère que l'on tente de dissoudre dans des solutions de calcium ou de magnésium.

Passant outre aux cheminements lents et compliqués inaugurés par Freud, nous venions de découvrir que ces troubles pouvaient avoir des origines simples, et qu'il est possible de les traiter en des temps très courts.

Ce sujet sera traité au chapitre « Spasmophilie » et illustré par l'interview de Denise.

Nous ne connaissions pas non plus cette « maladie » du dénigrement que nous avons baptisée d'un doux nom évocateur de perfection et dont il va être question dans le chapitre suivant.

J'ai commencé à suivre des cours de secrétariat. L'analyse m'a beaucoup aidée parce que, dans le cadre de ces études, je faisais des stages en hôpital, ce qui me demandait de m'occuper des autres.

Mes parents n'étaient pas très argentés, et dès que j'ai senti que j'allais mieux, que je pouvais me débrouiller un peu seule, j'ai dit « stop, ça va bien » et j'ai arrêté (j'étais en analyse depuis sept ou huit mois).

À partir de ce moment-là, j'ai mené une vie à peu près normale, mais, étant la dernière d'une famille nombreuse, je restais obsédée par l'idée que je n'avais pas été désirée et que j'étais rejetée. Il a fallu un certain temps pour m'en libérer.

J'ai donc poursuivi mes études en continuant de dire que j'étais la dernière des dernières, la plus bête, la plus moche... et comme je me sentais à nouveau mal dans ma peau j'ai refait appel à l'analyse, j'avais 21 ans et je disposais d'un peu d'argent.

À cette époque-là j'étais tout de même assez mal puisque j'ai fait deux tentatives de suicide. Avec le recul, je réalise que c'était une manière de me faire remarquer, un appel au secours.

À la première tentative Yves a été très compatissant et est venu me voir à l'hôpital... bravo. Mais la seconde fois ça n'a pas marché, il m'a laissée complètement dans mon coin, j'étais très triste. Je sais maintenant, parce qu'il me l'a dit, qu'il avait choisi cette attitude, qu'il avait demandé au psychiatre de me garder à l'hôpital dix jours au lieu de cinq et de me mettre dans un service de vieux. La leçon a servi et, après cette chute, j'ai remonté la pente.

Me sentant beaucoup mieux, j'ai à nouveau arrêté, j'avais 22-23 ans.

Et puis j'ai rencontré celui qui allait devenir mon mari. Très vite, avant même le mariage je me suis rendu compte que je me lançais dans quelque chose de fou mais je n'ai pas osé revenir en arrière. Avec le recul, j'ai réalisé que je faisais ça par dépit, que je ne visais rien d'autre que de me faire mal comme je le faisais toujours. Je savais que c'était fou mais je n'avais pas mesuré l'ampleur de la difficulté.

J'ai alors repris l'analyse afin d'essayer d'y voir clair en moi, en lui... Et là j'ai énormément progressé.

Mon mari est aussi allé en analyse mais il disait que c'était des conneries, il allait voir Yves mais chaque fois pour l'insulter. Il était jaloux parce qu'il se rendait compte que ça m'aidait et qu'il n'arrivait pas à faire le même chemin que moi. Il ne voulait rien accepter de personne.

Pour résumer, je dirai qu'à l'âge de 18 ans l'analyse a été pour moi une planche de salut. Sans l'affection tendre, paternelle et maternelle que j'ai reçue, c'était l'hôpital psychiatrique, et j'ai maintenant deux grands amis.

Mon travail analytique m'a aidée à m'accepter, à comprendre que je suis aimable, au sens propre du terme, et ça c'est énorme, car je ne comprenais pas que l'on puisse m'apprécier et m'aimer. J'essaie d'aider les autres non pas en leur donnant des solutions mais en essayant de leur faire comprendre ce que j'ai moi-même compris.

Durant mon analyse il m'a fallu beaucoup travailler l'objectivité. Je ne vivais les situations, les événements qu'à travers ce que j'en ressentais.

Quel travail j'ai dû faire !

Je crois que ma vie est très bien équilibrée maintenant, et mon fils est un petit garçon bien épanoui, dynamique, qui travaille bien, heureux à la maison, heureux à l'école, heureux avec tous ses petits copains.

Ce n'est qu'au fil des années, avec très peu de séances que Maud finit par faire une évolution spectaculaire et devenir l'une des personnes les plus solides que l'on puisse rencontrer.

Le coin technique

Fonctions de l'esprit	Sensation dominante, très forte, isolée, archaïque, introvertie ; sous-développement général de toutes les fonctions.
Introversion Extraversion	exagérée à développer
Féminin et Masculin	indifférenciés
Caractère	peu émotif non-actif secondaire } Sentimental

L'ensemble de la personnalité était orienté par un perfectionnisme persécuteur, habituel au type sentimental.

RALPH

Dépressif, paranoïaque ou schizophrène ?

Un perfectionniste peu exigeant

Marié, directeur des ventes, 42 ans lors de l'interview en 1981

PSYCHIATRIE

1960-1970 : de 21 à 31 ans (dix ans)

Diagnostic (du psychiatre anglais) : schizophrénie paranoïde

1960	premières manifestations de dépression à 20 ans	
	1re hospitalisation	
	Traitement :	cure de sommeil chimiothérapie : antidépresseurs, calmants
	Résultat :	reprend son travail après trois mois d'arrêt vit tant bien que mal, plutôt mal que bien toujours sous chimiothérapie à forte doses
1967	rechute grave :	
	2e hospitalisation	
	Traitement :	cure de sommeil, chimiothérapie
	Résultat :	entre dans le cycle chronique de la dépression : ne peut rien faire, n'a d'intérêt pour rien ni personne
1970	4e manifestation de dépression aiguë.	

Aucun cas ne pourrait mieux expliquer comment nous passons du mystère insondable et angoissant d'une maladie mentale, bien exprimée par la « savante » et officielle expertise psychiatrique, à l'explication simple de son évolution et de sa guérison.

Et, pourtant, Ralph fait partie des cas qui nous désespèrent parce que le patient, loin d'adhérer à une connaissance salvatrice de l'esprit, essaye d'y échapper dès qu'il se « sent » mieux.

On pourrait dire schématiquement qu'il se contente d'être soigné, plutôt que de chercher un développement qui l'entraîne loin de toute idée de maladie.

Traduction du rapport psychiatrique anglais.

« En écoutant ses propos, je comprends qu'il a rechuté en 1962 et à nouveau en 1967 pour la troisième fois. Suivant sa description, il développe un mur noir devant lui ; il devient socialement craintif, très tendu, souffre d'insomnies, sent qu'il ne peut y faire face et s'inquiète à l'excès.

Mon opinion est qu'il présente normalement des traits douteux de caractère dans sa personnalité qui deviennent plus évidents lors de ses rechutes. Je crois qu'il a une maladie dépressive périodique, et qu'il se sert avec succès de cet élément hypomaniaque de son caractère dépressif maniaque, en devenant un vendeur expansif, actif et travailleur, et qu'il rejette l'idée d'être, en aucun cas, schizophrène.

Cependant, le test de diagnostic de Hoffer et Osmond qui comprend 145 éléments symptomatiques caractéristiques de la schizophrénie indique peut-être, le plus clairement, la pathologie de ce patient.

Il a complété ce test de deux observations :

a) comment il se sentait à ce moment-là ;

b) comment il se sentait avant de commencer son traitement.

De ses déclarations, il résulte que certains traits de son comportement étaient vrais avant son traitement, mais qu'ils ne le sont plus.

Sur la base de ces résultats, il peut y avoir un doute, mais si ses déclarations sont correctes, il a fait preuve de beaucoup de schémas de comportement de type schizophrénique et apparaît de façon très significative la probabilité d'un diagnostic de schizophrénie avec paranoïa. À présent, la plupart de ces symptômes semblent avoir diminué ainsi que la probabilité de schizophrénie de façon substantielle. Des éléments qu'il avait et qui étaient considérés comme caractéristiques de schizophrénie ont été discutés avec le patient et ses réponses étaient typiquement conformes à celles données par des schizophrènes.

Il semble que M. X a souffert d'un épisode de type schizophrénique à caractéristiques paranoïdes, comme l'indiquaient sa personnalité et les données de son entrevue. Cependant, il semble avoir gardé beaucoup de schémas de type schizophrénique, et il semblerait aussi qu'il reste quelque peu tendu et anxieux. Il semblerait que surgisse le sentiment de culpabilité autour de cet épisode et que ceci ait quelque rapport avec sa famille. »

J'ai eu ma première dépression à l'âge de 21 ans en 1960 alors que je venais de terminer mon service militaire. Mes parents m'ont conduit chez un psychiatre qui m'a aussitôt fait hospitaliser dans une clinique de la banlieue parisienne. Là, j'ai eu ma première cure de sommeil ainsi que des électronarcoses. Après un arrêt de trois mois j'ai pu reprendre mon travail.

Je suis évidemment sorti de clinique avec la panoplie habituelle de médicaments : antidépresseurs et calmants.

Cela a été tant bien que mal jusqu'en 1967 où je suis à nouveau tombé dans un état dépressif très grave. À ce moment-là je suis allé voir un oncle médecin en Angleterre qui m'a confié à un grand spécialiste de la psychiatrie anglaise, d'où ma deuxième hospitalisation et... ma deuxième cure de sommeil. Le traitement était le même, je prenais une quantité invraisemblable de médicaments. Comme la première fois j'ai pu reprendre le cours normal de ma vie après trois mois d'hospitalisation.

Mais je n'étais toujours pas guéri. En effet, parti pour un an en Israël, j'ai, à nouveau, eu une crise terrible. J'ai tout plaqué et suis rentré à Paris. Nouvelle hospitalisation en Angleterre... nouvelle cure de sommeil, la troisième... nouveaux médicaments...

Je rentrais dans le cycle infernal de la dépression, je ne pouvais plus rien faire, je n'avais d'intérêt pour rien ni personne.

Six mois après cette troisième hospitalisation, c'était à nouveau la dépression, la quatrième. Alors, sur le conseil d'une amie de ma mère, j'ai décidé d'entreprendre une analyse avec Yves Dienal, et j'ai pris rendez-vous.

Au début je ne voulais pas de cette analyse, j'y suis vraiment allé par force.

En deux mois, j'ai pu comprendre ce qu'était un état dépressif, et son processus ; mon esprit s'est ouvert et, petit à petit, j'ai remonté la pente, j'ai pu reprendre une vie tout à fait normale.

Au début, comme j'étais vraiment très mal, j'avais deux séances individuelles par semaine, mais, très rapidement, j'ai pu espacer et même ne plus venir qu'en groupe.

Depuis 1970 ça n'a pas toujours été la grande forme, j'ai connu des moments d'angoisse... mais je les ai en général bien surmontés.

Ralph est un superbe garçon de 30 ans, élégant, sportif sympathique. Il est de famille riche et a une belle situation. En somme, tout pour plaire et être heureux, mais... il ne l'est pas.

Nous sommes en 1970 et l'autodénigrement qui était pour nous un mystère cinq ans plus tôt n'en est plus un.

Ralph est perfectionniste et c'est ce perfectionnisme qui aurait pu en faire à tout jamais un malade mental chronique.

Nous avons tous en nous les notions de Bien et de Mal, et parallèlement celles de la perfection et de l'imperfection, mais il s'agit là de notions abstraites, et le perfectionnisme qui nous menace tous est l'aberration dans laquelle nous tombons lorsque nous essayons de réaliser dans le concret cette notion abstraite. Dans le monde réel, la perfection n'existe pas.

La perfection théorique s'oppose au fonctionnement pratique. L'infini (la perfection) est une perspective mathématique qui, par définition, ne s'atteint jamais. Ce que l'on atteint n'est plus l'infini.

Nous sommes donc limités, en toute chose, au mieux et au moins bien, au plus et au moins.

Le perfectionnisme est une aberration du jugement qui ne sait pas faire la différence entre l'idéal (abstrait) et le réel (concret).

Si nous-mêmes étions atteints de perfectionnisme, nous souhaiterions que nos patients soient parfaitement heureux.

Or ils étaient très malheureux et peu heureux, et nous estimons avoir fait un bon travail lorsqu'ils se disent très souvent heureux et peu malheureux.

On dit : « Le bonheur n'existe pas », et nous, nous disons : « Le bonheur parfait n'existe pas, mais on trouve un bonheur pratique maximum quand on sait accepter les imperfections de la vie, donc les imperfections du bonheur. »

« Il n'y a pas d'amour heureux », chantait Georges Brassens. Nous traduisons : il n'y a pas d'amours parfaitement heureuses, seulement des amours relativement heureuses.

Refuser cette vérité, c'est se désespérer ; l'accepter, c'est savoir profiter de ce que les amours et la vie nous offrent, d'où cette phrase de sagesse : « Je suis heureux (se)... autant qu'on peut l'être. »

Ralph, déprimait jusqu'à l'aberration parce qu'il s'épuisait, sans y parvenir, à atteindre en tout domaine la perfection.

Il y a deux mois je suis revenu voir mon analyste parce que je me retrouvais dans un état proche de ce que j'avais connu il y a longtemps. Je n'ai eu que peu de séances mais je reprends déjà du poil de la bête... sans hospitalisation, sans cure de sommeil, sans électronarcoses, sans médicaments.

Je commence à découvrir des choses que je n'avais pas encore entrevues ; je prends conscience de problèmes que j'ai « traînés » tout au long de ma vie, mais dont je ne m'occupais pas du fait que j'avais cessé mon travail d'analyse dès le premier bien-être.

L'analyse m'a obligé à considérer ce perfectionnisme que je traîne depuis l'enfance et que je refusais d'abandonner. Il m'a fallu admettre que cette « perfection » à laquelle j'aspirais, je ne l'atteindrais jamais, je dois vivre sans elle et sans me faire des montagnes de tout.

J'ai appris à faire travailler ma pensée, appris à développer mon raisonnement et à ne pas être constamment sur mes sensations et mon sentiment.

Durant mes périodes de dépression je me repliais sur moi-même, je me recroquevillais. L'analyse m'a permis de m'ouvrir au monde extérieur. Je vois les choses sous un autre angle. Je m'intéresse à la culture, à l'art, aux belles choses, je fais du sport... Tout cela je le faisais dans ma jeunesse mais, maintenant, occupé uniquement par mon travail, j'avais oublié tous les plaisirs de vivre.

Une connaissance de moi a été très importante, j'ai découvert que je suis actif et que, lorsque j'agis, je suis bien. Lorsque je suis en dépression, sous médicaments, je ne fais plus rien, ce qui renforce mon désespoir et la dépression.

Je me suis marié à 36 ans. Je trouve auprès de ma femme une audience bienveillante et intelligente, cela m'aide beaucoup moralement. Mais cela ne suffit pas, j'ai besoin du technicien. Je suis donc revenu en analyse dans l'intention de m'ouvrir l'esprit, de bien comprendre les mécanismes qui enclenchent chez moi ces états dépressifs. C'est un travail passionnant.

Ma femme est une personne très équilibrée, très réfléchie, très pratique. Elle n'a pas, elle, besoin d'analyse mais elle se rend compte de l'aide que j'y trouve et, en conséquence, elle approuve entièrement ma démarche.

Ralph s'oriente suivant les réalités matérielles ou sensorielles : le travail, le commerce, le sport, la musique (il a même créé un petit orchestre). La réflexion intellectuelle, philosophique ou psychologique, l'intéresse peu.

Fils de parents qui valorisent la réussite matérielle et le travail pour y parvenir, il est peu doué pour l'abstraction et fait de mauvaises études qui le laissent profondément infériorisé.

Chef d'un service commercial dans une entreprise de premier plan, il reste insensible aux louanges et aux promotions dont il est l'objet et court après des chiffres d'affaires impossibles à atteindre. C'est sa manière consciente de résoudre ses sentiments d'infériorité inconscients et de courir, en pure perte, après l'idée qu'il se fait de la valeur.

Ce conflit entre un désir de perfection sans limite et indéfinissable, et l'impossibilité à l'atteindre lui vaut, non des crises d'hystérie comme Maud, mais des crises intenses de désespoir et de dépression.

Comme on le voit, suivant les personnalités, les mêmes causes peuvent produire des effets différents.

Toutefois, la recherche du perfectionnisme n'est pas le principal dans la problématique de Ralph ; l'essentiel reste un développement intellectuel très insuffisant qui l'empêche d'être l'arbitre éclairé de sa vie psychologique et même de sa vie tout court.

Ralph dit qu'il se connaît bien, qu'il a compris ses mécanismes et qu'il se passionne pour la psychanalyse.

Il se dit satisfait des résultats obtenus et nous disons que nous ne le sommes pas.

Ralph a régulièrement interrompu son analyse dès que les symptômes gênants avaient disparu. Or, c'est quand tout va bien que l'analyse permet les grands développements de la personnalité. Et cela, Ralph, comme beaucoup d'autres, s'est arrêté trop tôt pour le comprendre.

Pour mémoire : psychiatrie, dix ans

PSYCHIATRIE PSYCHANALYTIQUE

Notre diagnostic : dépression nerveuse aiguë, mais tout à fait banale

1970 deux mois de psychanalyse. Se sent bien et s'arrête.

1981 Rechute légèrement. Revient deux mois. Se sent bien. S'arrête à nouveau.

Le coin technique

Fonctions de l'esprit	Sensation et Sentiment dominants, mal conscients Pensée peu développée Intuition inconsciente
Introversion Extraversion	prédominante à développer
Masculin et Féminin	conflit entre les ambitions masculines et la sensibilité de la composante féminine
Caractère	émotif actif secondaire } Passionné

Note de Ralph en 1988 : « Actuellement un équilibre des 4 fonctions me permet d'assurer très correctement ma vie et je sais les utiliser dans les moments difficiles. Je ne suis plus aussi perfectionniste que je l'étais pendant mes séances d'analyse. »

DOCTEUR JEAN FORTIN

Un dépressif désespéré...

qui fait rire le thérapeute

Médecin, marié, 59 ans lors de l'interview en 1981

PSYCHIATRIE

de 1970 à 1974 : de 48 à 52 ans (quatre ans)

1970-1974 *Diagnostic* : névrose dépressive

1970	Premiers symptômes de dépression	
	Traitement :	chimiothérapie : antidépresseurs, calmant, psychothérapie pendant quatre ans
	Résultat :	pas d'amélioration
1971	*Traitement :*	psychanalyse freudienne (six mois à 3 séances par semaine)
	Résultat :	pas d'amélioration
1972	Dépression aiguë, tentative de suicide	
	hospitalisation	quinze jours — sort contre l'avis du psychiatre
	Traitement	chimiothérapie à fortes doses
	Résultat :	toujours dépressif
1973	Aucune amélioration	

La difficulté majeure de la compréhension des troubles de l'esprit vient de ce qu'aucune caractéristique de personnalité, fût-elle la meilleure, n'est bonne ou mauvaise.

Avec le Dr Jean Fortin, nous allons rencontrer le cas inverse, le développement intellectuel pouvant tout aussi bien être responsable des mêmes maux.

Pour réussir dans n'importe quel sport, un sportif se doit de développer toute sa musculature. Le développement unilatéral d'une seule gamme de muscles peut provoquer un déséquilibre préjudiciable à l'ensemble. L'un des premiers joueurs de tennis du monde, interrogé à la télévision, disait que son entraînement consistait en deux heures de tennis par jour et cinq à six heures de sports divers et culture physique. Il en est de même en ce qui concerne l'esprit, ce qui explique l'inutilité et même la nocivité des formules toutes faites qui nous sont prodiguées par la presse ou la littérature.

Jean est un médecin spécialiste qui réussit brillamment. Mince, élégant, petite moustache, il ressemble à David Niven, la pipe en plus. Je suis subjugué par son élégance, sa manière de s'exprimer, sa rapidité d'esprit, sa culture, son sens de l'humour... très noir ; pour tout dire, il me charme.

Lorsqu'il me raconte de manière imagée le calvaire qu'il vit depuis plusieurs années, je suis pris d'un fou rire que je ne peux réprimer et qui le laisse stupéfait. Le contraste entre sa vitalité, son aisance souveraine et le malheur qu'il me décrit est tel que j'ai l'impression d'un canular.

Je lui dis que, si je me permets de rire devant son malheur sans solution, c'est que, avant même d'en savoir plus, je peux parier que la solution à ce malheur ne saurait guère tarder.

Pour moi, tout a commencé en juin 1970.

Une dépression nerveuse brutale qui ne s'annonçait pas. Une dépression qui faisait suite à une vie conjugale difficile, une vie professionnelle intense.

On tient un temps et puis on craque. J'ai tenu, et puis j'ai craqué, ça m'a mené au bord du suicide, enfin au suicide. Ça a loupé mais je me suis tout de même retrouvé en réanimation avec des tuyaux partout.

Ensuite, je suis allé voir un psychothérapeute, un confrère qui m'a pris en traitement et qui m'a ordonné des médicaments, de bons médicaments. Je peux dire que ce sont de bons médicaments pour un temps, mais j'en ai pris pendant près de quatre ans.

Au début ça m'a fait du bien, ça m'a fait du bien pendant quinze jours, trois semaines au bout desquels je me suis senti remonté. J'ai alors pu assumer mon travail.

Toutefois la psychothérapie était insuffisante, j'étais crevé le matin, la fameuse asthénie paradoxale du matin, enfin tous les symptômes de la dépression.

On m'a traité, on m'a fait parler, raconter des choses. Et je prenais ces médicaments et, comme ça n'allait pas mieux, j'en prenais d'autres. Évidemment, l'un me desséchait la bouche, l'autre me calmait. Ceci a duré pendant un certain temps, un an.

Étant donné que ça n'allait toujours pas, je suis allé voir un analyste. J'ai fait six mois d'analyse freudienne sur le divan. J'ai abandonné parce que ça ne servait à rien.

En septembre 1971, la vie conjugale étant devenue impossible, j'ai quitté la maison. J'ai vécu un an seul, une année difficile, j'assumais tout de même mon travail professionnel. J'ai passé une année seul, toujours en dépression, en dépression modérée.

J'ai craqué en septembre 1972. J'ai fait une pancréatite aiguë, j'ai somatisé. Et puis là, la grosse dépression, la crise existentielle.

Se réveiller tous les matins en se disant : « Bon Dieu, je ne suis pas encore mort ! » ce n'est pas marrant.

Alors là, j'ai préparé mon suicide. Je me suis dit : « Je me donne un an, si dans un an ça ne va pas mieux, je me fous en l'air. » Je luttais, je faisais mon travail, avec des hauts et des bas, mais j'étais toujours très mal.

En juillet 1973, c'est à nouveau la dégringolade. Je suis parti en vacances, j'ai essayé de faire de la natation, quelque chose comme ça. Rentré en septembre 73, j'ai pris la décision d'arrêter les médicaments que je prenais depuis quatre ans. Je les ai arrêtés du jour au lendemain. J'en prenais beaucoup, le vrai drogué... Je les ai arrêtés du jour au lendemain, me disant « ça ne marche pas, donc j'arrête ». Eh bien j'ai constaté que ça ne m'a rien fait, ça ne m'a fait ni chaud ni froid, je n'ai pas été plus mal, je n'ai pas été mieux, ça n'a rien changé.

Je crois que les médicaments, ça fait effet quinze jours-trois semaines, mais après ça ne fait plus rien. Je vois arriver dans mon cabinet des malheureux avec des listes qui n'en finissent pas, et on leur en rajoute tout le temps. Ça ne sert qu'à passer un cap, c'est tout.

Je le répète, je les ai arrêtés du jour au lendemain, ça ne m'a rien fait.

Ensuite j'ai cherché des trucs.

Un jour je suis venu à une conférence d'Yves Dienal et, comme le noyé qui se raccroche à une planche pourrie, je me suis dit : « J'y vais. » Je suis allé voir Yves et j'ai commencé.

C'était en mars 1974. J'ai fait à peu près six séances individuelles et six séances de groupe jusqu'aux vacances 74. Je suis parti en vacances, j'étais bien. Quand je suis rentré de vacances, en automne 1974, j'ai repris une année complètement normale.

Il y avait encore quelques petits hauts, quelques bas, mais toujours très ascendants. J'ai continué mes séances, j'en suis à vingt séances individuelles et dix-sept en groupe.

Mon état présent est satisfaisant. En juillet 1973, au moment où j'étais le plus mal, je ressemblais à un vieillard, je ne sais pas l'effet que je fais maintenant, mais alors j'étais moche. Quand je me regardais dans une glace c'était effrayant, ça me foutait le « bourdon ». Quand je me vois maintenant je trouve que je rajeunis, c'est épatant et je me dis : « Dans trois ans ce sera encore mieux. »

Maintenant, je viens en analyse uniquement parce que ça m'intéresse, parce que ça m'apporte quelque chose. J'ai l'impression que je soigne mieux mes malades. Je les soigne mieux parce que je les comprends mieux, je les approche mieux.

Jean Fortin a une culture très étendue, médicale, littéraire, philosophique, artistique, archéologique, mais... sa boulimie culturelle lui a fait oublier les *plaisirs* de la culture et de la vie en générale.

Son schéma est simple : tout ce qu'il ignore fait de lui un ignorant, et, conflit ! il n'accepte pas d'être un ignorant.

Je lui fais un petit dessin très simple : un énorme cercle et, à côté, un petit point. Je lui explique que le cercle, c'est l'univers, et le point, c'est lui qui veut absorber l'univers.

Comme pour Ralph, le mécanisme du perfectionnisme ne suffit pas à expliquer l'atroce malaise qui ne le quitte pas.

Tandis qu'il a développé ses facultés cérébrales, il a réduit ses facultés de perception. Quand je lui parle, il essaie de comprendre, mais tout se passe comme s'il n'entendait pas, et je dois répéter les choses les plus simples comme le fait un instituteur avec un enfant intelligent mais distrait.

À la différence de Ralph, Jean, en tant que personne et en tant que médecin, se passionne pour l'analyse.

Les groupes qui n'existaient pas encore lors des premiers traitements de Jeanne, Maud et Ralph, font partie des outils de travail du temps de Jean. Il y souffrit avec une bonne humeur contagieuse et devait y oublier son savant intellectualisme pour se mettre au contact des problèmes de la vie, souvent simples, de chacun.

Jean vint en mai comme il le raconte dans son récit et, dès juillet, il passait de bonnes vacances, mais à la différence des effets provisoires des médicaments, ce bien-être commençant allait devenir permanent.

Quand Jean arrêta, non son traitement, mais plutôt ses classes de psychologie, tout le monde fut bien triste car nous perdions son dynamisme et sa fantaisie.

Jean est venu en 1974, il avait 52 ans. Nous sommes en 1988, il a pris sa retraite et profite de la vie autant qu'il est permis, ayant fait de sérieuses infidélités à la psychiatrie psychanalytique au profit de son violon d'Ingres : l'archéologie.

Pour mémoire : psychiatrie, quatre ans

PSYCHIATRIE PSYCHANALYTIQUE

Mars à juillet 1974	trois mois de psychanalyse, plus aucun trouble retrouve le plaisir de vivre

Poursuit l'analyse pendant quatre ans par intérêt culturel

Le coin technique

Fonctions de l'esprit	Toutes sont présentes mais la Pensée très prédominante donne une tendance générale à la cérébralisation. Intuition, Sensation et Sentiment, insuffisamment utilisés.
Extraversion et Introversion	tendance exagérée à l'introspection.
Masculin et Féminin	anima importante et mal connue
Caractère	émotif non-actif primaire } Nerveux extraverti qui fonctionne en Nerveux introverti

BERNADETTE

La dépression commence...

Zorro est arrivé...

Étudiante en médecine, 22 ans lors de l'interview en 1981

PSYCHIATRIE

Diagnostic : dépression aiguë qui évoluait vers une pathologie lourde

Avril 1980 Épuisement physique et psychique,
obsédée par l'échec,
ne peut plus se concentrer ni travailler,
s'isole

Juillet 1980 Idées de suicide et passage à l'acte,
raté, heureusement

Septembre 1980 Visite à un psychiatre
Traitement : fortifiants
psychotropes
Résultat : pas d'amélioration

Arrêt des études

Visite à un autre psychiatre
Traitement : chimiothérapie
Résultat : aggravation de la dépression ;
n'a plus de raison de vivre

Les premiers symptômes de ma dépression sont apparus alors que j'étais en quatrième année de médecine. Je venais de terminer un stage de six mois dans un service de neurochirurgie qui s'était bien passé.

J'ai eu une déception sentimentale, en avril 1980, et j'ai commencé à décliner.

Le stage suivant, je l'ai fait dans un service de médecine. Je me faisais des montagnes de tout. Sans arrêt je disais que je ne serais jamais médecin, que je n'en étais pas capable, que je ne pouvais rien apprendre parce que je n'avais pas assez de mémoire, etc. Je me traînais de plus en plus. Aller à l'hôpital devenait une hantise... Même remplir un dossier, pourtant travail de routine, me posait des problèmes. J'étais complètement bloquée. Mon entourage ne comprenait pas. On essayait de me remonter. Tout le monde me disait que c'était un moment difficile qui passerait mais je n'y croyais pas.

Quelque temps avant les vacances je suis allée au mariage d'un copain, j'ai revu le garçon. Rentrée à la maison, j'ai commencé à «dérailler» me disant que ce n'était pas la peine de vivre, et j'ai tenté de me suicider en faisant passer un fil électrique dans mon bain. Heureusement, le courant était trop faible.

Mes parents étaient désolés, d'autant plus que je suis fille unique. Ils continuaient à penser que les choses s'arrangeraient pendant les vacances. Je suis alors partie chez des amis mais je n'étais pas bien dans ma peau. Toutes les nuits je pensais aux moyens que je pourrais utiliser pour «me balancer», c'était terrible!

J'avais beau être avec des amis que j'aimais beaucoup, qui m'aimaient beaucoup, je sentais qu'il me manquait quelque chose.

J'avais emporté des bouquins pour préparer un examen prévu en septembre. L'un d'eux concernait la « médecine d'urgence » et j'y cherchais un moyen de me « foutre en l'air »... En même temps je me disais : « Tout de même ce n'est pas possible, je ne peux pas leur (mes parents) faire ça. »

À la rentrée, je n'ai même pas choisi mon stage. J'ai pris le premier que l'on m'offrait, c'était un stage de gynécologie. Ça n'a pas marché du tout. Je n'ai pas pu le faire en entier.

Sur le conseil d'une amie médecin, je me suis décidée à aller voir un psychiatre. C'était du genre « Mon petit vous n'allez pas abandonner la médecine en cinquième année. Vous êtes fatiguée, je vais vous faire une petite ordonnance. » Et il m'a fait une ordonnance de psychotropes, bien entendu.

J'ai commencé le traitement pour faire plaisir à mes parents.

J'ai dormi pendant deux jours, j'étais complètement assommée. Je suis retournée à l'hôpital, j'étais comme dans un nuage. Je n'entendais pas les autres, je ne savais pas ce qu'ils disaient.

Comme ça n'avait pas marché avec ce psychiatre, je suis allée en voir un second. Celui-là au moins ne donnait pas de médicaments. Il me faisait une psychothérapie. Au début il m'a dit : « Vous savez, ça peut être long. »

Alors j'ai raconté tout ce qui s'était passé, mes angoisses, ce que je ressentais depuis toujours dans ma tête.

Il disait : « Ah oui ! ah bon... » À la troisième séance je lui ai dit : « Écoutez, dites-moi quelque chose. Il faut que vous m'aidiez parce que je ne suis pas venue pour que vous me regardiez dans le blanc des yeux. J'ai l'impression de parler à un mur. »

Il m'a laissée parler et à la fin il m'a répondu : « On verra ça la prochaine fois. » Mais la fois suivante il ne s'est rien passé de plus, alors j'ai arrêté.

J'ai commencé l'analyse avec Yves Dienal au mois de janvier.

Au départ je venais en séances individuelles une fois par semaine et une fois tous les quinze jours en groupe.

Yves me conseillait plutôt de poursuivre mes études presque terminées mais, ne sachant toujours pas ce que je devais faire ou ne pas faire, j'ai écrit à la faculté de médecine pour dire que j'étais obligée d'arrêter momentanément.

Ce qui a été très important pour moi, c'est que, d'emblée, je me suis sentie en confiance avec lui. J'étais en face de quelqu'un qui me comprenait, qui me rassurait.

J'ai à nouveau parlé de mon angoisse de ne pas savoir pourquoi je vivais puisque je n'avais plus de goût à rien. Je réalise maintenant que je n'ai jamais reposé la question de savoir si je devais continuer mes études et pourtant maintenant je sais.

L'analyse, en groupe et individuelle, m'a aidée. Assister aux conférences a été également très important pour moi. Je m'obligeais à prendre des notes, à m'intéresser. Et puis c'était quelque chose de précis et positif qui me rapprochait des études.

Un soir, je me suis décidée à aller au «bistrot» avec les autres après la conférence. Là j'ai noué des amitiés nouvelles. J'ai notamment rencontré D. qui fait des études pour devenir éducateur spécialisé.

Ce que j'apprenais en analyse, mes conversations avec D., tout ça m'a fait travailler et peu à peu j'ai évolué et repris mes études sans difficulté. J'ai découvert que ce qui m'intéressait dans la médecine, ce n'était pas les études ou le côté technique, mais l'aide aux autres.

Cela fait peu de temps que je suis en analyse, alors je ne peux pas dire que j'ai bien compris ce qui s'est passé. Ce que je sais, c'est que j'étais dans une situation où je voulais me tuer toutes les cinq minutes et que maintenant je n'y pense plus.

Pendant cette période de dépression j'avais écarté tous mes amis. Je ne téléphonais plus. J'essayais de les voir le moins possible, cela me faisait de la peine mais je voyais qu'ils ne me comprenaient pas.

Maintenant je reprends contact peu à peu. Je suis invitée le 25 avril pour l'anniversaire d'une amie. Je risque de revoir le garçon qui m'a si fortement déçue et je dois dire que ça ne me fait plus peur. J'en ai parlé, j'y suis préparée.

Je me désespérais de ma difficulté à travailler, je me croyais incapable et j'étais découragée. J'ai compris que j'étais de caractère non actif, c'est-à-dire que j'avais du mal à entrer dans l'action. Je me suis aussi rendu compte qu'une fois la mécanique mise en route j'étais très heureuse. J'ai donc appris à connaître ce trait de caractère, à l'utiliser et je ne me crois plus ni malade, ni paresseuse, ni incapable. C'est un trait de caractère, ce n'est pas une maladie.

Je m'entends beaucoup mieux avec mes parents qui sont très contents des effets du traitement et très reconnaissants envers mon psychanalyste.

Le conte de fées continue.

Bernadette n'a plus de goût à rien, elle est incapable de rassembler deux idées, ne pense qu'au suicide...

Coup de baguette magique : elle reprend ses études et goût à la vie avant même d'avoir eu le temps de comprendre ce qui lui était arrivé avant, pendant, et après...

C'est une jeune fille douce, réservée, craintive, sentimentale ; une biche scolarisée, perfectionniste, qui veut « bien travailler », qui veut « tout savoir », qui veut « tout étudier », qui veut avoir de « bonnes notes ». Pour ce faire, elle déplace toute son énergie sur la pensée pour apprendre et réussir.

Elle est de milieu simple, ses parents se sont « saignés », dit-elle, pour lui payer ses études, et son désarroi est augmenté par la culpabilité de ne pas avoir de « bonnes notes » pour les remercier.

Inconsciemment, la médecine est devenue une scolastique désincarnée dans laquelle elle se dessèche. C'est ce dessèchement de sa personne qui est à la base de sa dépression. Elle n'étudie plus l'homme, son anatomie, sa physiologie ; elle étudie des livres. Elle étudie de plus en plus, comprend de moins en moins, ne sort plus, ne s'amuse plus. Ce sont là les conditions idéales de la dépression.

Au cours de son traitement, on ne s'est même pas préoccupés de sa déception amoureuse qui n'était, comme on dit, que la goutte d'eau qui fait déborder le vase.

De toute manière, perdue dans son intellectualisme, elle n'est pas en état de s'adapter aux réalités compliquées de la vie amoureuse.

Au milieu des autres, elle apprend à percevoir et à aimer la vie et les êtres directement et sentimentalement, et non plus à s'y intéresser au travers d'idées intellectuelles.

Cet apprentissage produit ses effets au niveau de la médecine ; les livres ne sont plus que des plans directeurs pour soulager et guérir ses amis, les malades.

L'ensemble des méthodes psychothérapeutiques tentent d'appliquer les mêmes procédés à tous. Or il n'existe pas de panacée puisque nous avons développé les activités intellectuelles chez Ralph, nous avons tenté de les réduire chez Jean Fortin et chez Bernadette, nous avons développé tout à la fois le contact sensoriel et sentimental avec la vie.

La rapidité d'intervention sur la maladie commençante de Bernadette a été telle que l'on parlera plutôt de prévention que de guérison. Plus encore qu'un traitement destiné à guérir, l'analyse de Bernadette a été pour elle un enseignement sur la maladie mentale et son traitement, et l'a incitée à choisir sa spécialité : la psychiatrie.

En 1988, elle est chef de clinique en psychiatrie.

On ne répétera jamais assez que la rapidité et la simplicité apparente des traitements sont le résultat de l'utilisation précise et méthodique d'un arsenal de connaissances difficiles à manier.

PSYCHIATRIE PSYCHANALYTIQUE

Janvier 1981	un mois de psychanalyse, sort définitivement de sa dépression
Octobre 1981	reprend brillamment ses études

Le coin technique

Fonctions de l'esprit	type Sensation et Sentiment. Tente de vivre exclusivement sur sa pensée.	
Introversion	dangereusement exagérée	
extraversion	à développer	
Caractère	émotif non-actif secondaire	Sentimental

Le pouvoir de l'entourage

Le moment est venu de montrer l'importance fondamentale du milieu dans les états pathologiques graves. Le patient est, la plupart du temps, incapable d'espérer, de décider quoi que ce soit et d'envisager un traitement. C'est le milieu qui aura la charge d'assurer, au début, la discipline minimale, c'est-à-dire l'assiduité aux séances.

C'est le rôle qu'ont joué les parents de Maud, les parents de Ralph, les parents de Bernadette qui nous firent une totale confiance et surent maintenir le patient désespéré dans un traitement auquel il ne croyait pas.

Dans les deux cas qui suivent, le rôle d'un mari et celui d'une mère ont rendu possible un traitement qui promettait d'être difficile, puis contribué largement à la guérison de leur « malade ».

PHILIPPE ET FRANÇOISE COLLIN

Ma femme est une momie !

Un mari thérapeute

Françoise, 28 ans, mariée, 1 petite fille, ne travaille pas

PSYCHIATRIE

de 1975 à 1977 : de 28 à 30 ans (trois ans)

Diagnostic : aboulie profonde. Mélancolie

En 1975	premiers troubles dépressifs surdité sans cause décelable	
1975 à 1977	dégradation progressive vers la mélancolie angoisse désespoir,	
	Traitement :	chimiothérapie
	Résultat :	aboulie totale « Les médicaments m'ont achevée », dit-elle.

Durant ces deux années, tous les médecins consultés concluent à l'internement que son mari refuse

Philippe : Françoise commençait à déprimer, à n'avoir plus envie de rien, à pleurer. Allô docteur... Fortifiants, calmants ; on s'est mis à entendre des noms barbares en -ium... -il..., machin-chose, etc.

On s'enfonçait dans un système médical qui n'apportait aucun résultat. La situation se détériorait régulièrement, j'assistais désemparé au naufrage de ma femme ; je regardais ce qui se passait, je n'y comprenais rien du tout. Les troubles se manifestaient de plus en plus : maux de cœur, ne plus vouloir se lever. Elle se réanimait vers 17 heures pour s'éteindre deux heures plus tard, vers 19 heures ; après ce n'était plus qu'une demi-heure et puis plus rien. Je dois dire qu'entre-temps on était passés chez un psychiatre qui avait forcé les doses, ce qui avait entretenu, je ne dirai pas entretenu, mais empiré le mal ; nous passions nos journées à compter les médicaments : 5 pour le matin, 5 pour 10 heures et comme ça jusqu'à la nuit, et puis, c'était le néant.

Françoise (voix tonique et très claire) : Je n'avais plus envie de rien, goût à rien, pourtant j'avais une adorable petite fille qui avait 1 an et demi. Je l'avais désirée à tout prix parce que j'avais perdu mon premier bébé, donc elle était mon grand rêve mais je ne m'intéressais plus du tout à elle, je ne pouvais même plus la faire manger...

Je ne m'intéressais qu'à mes pilules, à les compter : 2, 3, 4, 10, 50, je ne sais plus combien il y en avait à la fin, mais de plus en plus. J'étais devenue une loque, je ne pensais qu'à être couchée.

Ma mère s'occupait entièrement de ma fille, je ne m'intéressais plus à rien, rien, je n'étais bien que couchée, et puis j'ai commencé à avoir envie de mourir. Quand on n'a plus de but, plus envie de rien, qu'on se sent inutile, que faire d'autre ? Je me disais que j'étais gênante pour mon mari, gênante pour ma fille, je ne pensais qu'à cette chose : mourir.

Philippe me traînait, il emmenait son paquet. Il m'amenait parce que cette forme de traitement lui était acceptable ; il refusait les autres qu'on nous proposait : on voulait m'interner, on voulait me faire des électrochocs. Il n'a jamais voulu en arriver à ces extrémités. Personnellement, je n'avais pas d'opinion, j'étais une morte-vivante, j'étais le paquet qu'on posait sur une chaise.

Philippe : Je me souviens du premier entretien avec Yves et même du premier quart d'heure. Je me demandais si on allait bien vouloir nous recevoir, nous comprendre, puisque partout nous étions rejetés. Je pensais que nous allions encore nous faire vider ou qu'on allait nous dire d'enfermer Françoise. À la place de cela, il y avait de la chaleur humaine et quelques jugements rapides qui m'ont semblé justes. Je suis entré en confiance, un peu comme on entre en religion, mais, en même temps, comme saint Thomas qui doute. Il y a eu ces quatre ou cinq vérités qui ont été énoncées et je me suis dit : « Mince, il a vu ça ce type, il a été capable de faire une synthèse, il faut jouer ça, ça prendra le temps que ça prendra, mais perdu pour perdu... allons-y. »

Dans les premiers temps, j'étais coincé entre l'assiduité aveugle aux séances et l'absence de résultats, mais je n'avais pas d'autre solution puisque tous les médecins voulaient la faire enfermer et moi pas. Ensuite, j'avais une certaine foi, une certaine confiance après le premier contact que nous avions eu.

Je trouvais chez Yves et chez Madeleine une bienveillance que je n'avais pas rencontrée et qui m'aidait un petit peu.

Dans une histoire comme ça, on est complètement largué par tout le monde. Nous, on subissait déjà notre drame et, en plus, tout le monde nous fuyait : l'entourage, les copains, les médecins. Je vivais tout seul avec ma momie que je ne voulais pas faire enfermer, mais je comprends aussi un peu les autres parce que Françoise était un objet d'épouvante ; son regard fixe perdu dans le vide était insoutenable. On venait me demander par-derrière, sans trop oser le dire, pourquoi je refusais de la faire enfermer.

Avant de commencer l'analyse, on avait même consulté toutes sortes de charlatans, des voyants, des magnétiseurs.

Avec Yves et Madeleine, il semblait qu'il y avait quelque

chose de cohérent, mais j'avais tout de même l'impression d'utiliser ma dernière cartouche. Les premiers temps, les résultats n'étaient pas du tout évidents, et pour moi, c'était un peu la méthode Coué : il faut continuer, il faut continuer, il faut y arriver...

Yves et ceux du groupe m'ont appris à regarder la situation d'une façon différente, à ne pas m'enfermer dans mon carcan où je ne faisais que voir Françoise dépérir tous les jours ; elle ne pesait plus que 40 kilos, je la voyais mourir devant moi. J'ai donc commencé à observer de manière différente.

Alors qu'on s'enfonçait mutuellement dans nos angoisses, j'ai appris à voir Françoise en dehors de mes angoisses.

Françoise : Je voudrais parler de ce qui m'a paru le plus dur. Yves disait toujours qu'il fallait que le médecin arrive à supprimer les médicaments qui m'anesthésiaient le cerveau, donc l'esprit. Si maintenant je comprends que les médicaments ont complètement endormi mon cerveau, à l'époque dont nous parlons, ils étaient ma seule raison de survivre, je ne m'accrochais qu'à eux, et je ne voulais pas les quitter.

Le psychiatre qui me suivait et que je voyais une fois par mois ne concevait même pas qu'il puisse y avoir une autre vérité que le médicament et l'internement.

Philippe : Au cours de mon analyse, j'ai compris que je n'avais pas été pour Françoise un mari ; j'ai joué le rôle d'un père, et même plus, d'un papa protecteur. J'ai tout pris en main, j'ai tout chapeauté dans la maison, inconsciemment j'ai tout voulu protéger. Je veille maintenant à me freiner pour ne pas recommencer avec mes enfants.

Françoise : Et moi j'ai trouvé tout naturel, facile, agréable, d'être hyperprotégée par Philippe comme je l'avais été par ma mère ; je restais une toute petite fille au lieu d'être une femme et une mère. J'ai commencé à devenir un bébé et les médicaments m'ont achevée au lieu de me remettre dans la vie.

Philippe : Durant les premiers mois, c'est surtout moi que l'on a soigné, je crois que l'on m'a surtout éduqué parce qu'il était indispensable que je devienne un agent actif de la réparation.

Avec le recul, je me rends compte que sans mon travail qui m'a donné une certaine compétence, l'opération aurait été impossible. Si je n'avais pas compris le travail que Yves et Madeleine faisaient faire à Françoise et que je prolongeais à la maison, je crois que je n'aurais pas persévéré.

On aura compris le traitement éducatif de Philippe, mais qu'avons-nous fait pour Françoise ?

Nous étions en face d'une personnalité très profondément apathique et, de plus, presque dénuée d'intelligence. Nous pensions que, même guérie, le résultat serait affligeant.

Le départ est simple, mais c'est ce qu'il y a de plus pénible : passer des mois à s'acharner à faire parler une momie. De quoi ? De n'importe quoi pourvu qu'elle parle. Chaque parole prononcée est un travail du cerveau, minime sans doute, mais un travail quand même. Ce travail est parallèle à celui du kinésithérapeute qui réanime un corps paralysé durant des mois.

Mais cela ne suffisait pas car n'importe qui peut le faire. Au fur et à mesure que l'intelligence se réactivait, l'analyse a été menée suivant nos connaissances habituelles, c'est-à-dire que nous avons conduit Françoise à une connaissance précise, d'elle-même, d'autrui, et de la vie en général.

J'ai souvent admiré le courage de Philippe de poursuivre avec opiniâtreté sans preuves évidentes, mais il y en avait deux autres qui devaient, aussi, avoir un courage bien accroché, c'était Madeleine et moi. Nous nous accrochions à la certitude que notre savoir était juste et que le travail que nous faisions devait sûrement porter ses fruits.

À nos débuts, les premiers cas graves avaient eu la courtoisie d'évoluer assez vite, ce qui nous sécurisait, mais avec Françoise, la momie se conservait dans ses bandelettes. Sans le recul expérimental qui nous assurait de la justesse de nos connaissances, nous aurions, sans doute, capitulé très vite.

Tels deux naufragés au milieu de l'océan il n'y avait rien d'autre à faire que de nager vigoureusement, et Philippe nageait avec nous, avec une confiance bête et disciplinée, mais je crois qu'il a été efficacement influencé par notre profonde certitude et notre authenticité.

L'état de momie n'était, en fait, que le résultat des effets des médicaments psychiatriques que Françoise ne voulait pas abandonner. L'important n'est pas que le patient les « quitte », mais qu'il comprenne que sa guérison dépend du travail de son esprit et non des médicaments.

C'est un changement psychologique qui est très important. Si le patient prend un peu de médicaments qui l'aident, mais sait que ce n'est pas ça qui va le guérir, ça n'est pas très nocif. Tandis que Françoise s'accrochait à eux, Philippe restait partagé.

Disons que l'attachement superstitieux aux médicaments reste très répandu et tenace.

Aujourd'hui, Françoise est tonique, dynamique, rapide. Son intelligence est percutante et efficace. C'est elle maintenant qui pousse son mari à l'action.

Le merveilleux dans tout cela, ce n'est pas la guérison de Françoise mais ce qu'elle est devenue. Je pense qu'elle est née deux fois, une fois grâce à ses parents, et une autre grâce à Philippe car, sans lui, il n'y aurait pas eu de traitement.

Philippe est revenu en analyse mais pour travailler sur ses attitudes d'autorité et de commandement dans l'entreprise qu'il a créée, poussé et rassuré par Françoise car, chassez le naturel, il revient au galop, il a tendance à vouloir aider et protéger. Il a peur de faire de la peine et a quelques difficultés à donner fermement ses instructions.

Pour mémoire: Psychiatrie - trois ans de dépression, aboulie, mélancolie

PSYCHIATRIE PSYCHANALYTIQUE

1978 un an pour sortir de l'état d'aboulie ou mélancolie

1979 deux mois d'hospitalisation pour désintoxication des médicaments

Continue deux années — pour se développer
— par intérêt pour la psychologie, notamment à l'usage de ses enfants

Le coin technique

Fonctions de l'esprit	toutes les fonctions sont bonnes, bien développées, avec prédominance du Sentiment
Introversion	satisfaisante
Extraversion	prédominante
Féminin Masculin	équilibrés
Caractère	émotif non-actif } Nerveux primaire

Et la momie ? Françoise s'était endormie protégée par sa mère d'abord, par son mari ensuite, et la momification fut assurée par la chimiothérapie.

JOSIANE BOISGARD ET
FABIENNE CHARMILLE

De l'asile aux Beaux-Arts

sous la conduite de maman

PSYCHIATRIE

de 1980 à 1983 : de 13 à 16 ans (quatre années au total)

Symptômes	spasmophilie tétanie troubles circulatoires arrêt des règles états suicidaires crises délirantes
Consultations	généralistes, psychiatres, neurologue, homéopathe, kinésithérapeute
Traitement	chimiothérapie médication homéopathique calcium, magnésium
Résultat	tous les symptômes s'intensifient. Internement en psychiatrie infantile refusé par les parents

Fabienne : Ma mère m'a « amenée » voir Madeleine, j'avais 16 ans. J'étais complètement intériorisée, inerte, je ne parlais pas du tout, il me fallait une secousse très violente pour me faire sortir un mot. Je ne ressentais rien, j'étais indifférente à tout, je n'avais envie de rien. J'étais dans mon monde intérieur, coupée de toute réalité.

Les dimanches après-midi se passaient à cheval sur la fenêtre du quatrième étage, je voulais me jeter en bas et, comme j'étais totalement incapable de réfléchir et d'être cohérente, j'aurais pu le faire. Je me sentais si mal que je voulais sauter. En fait, j'étais folle à ces moments-là et je rendais ma mère folle d'inquiétude ; Madeleine devait devenir folle avec tous les « coups de fil » de ma mère.

Quand je voyais Madeleine, bien que coupée du monde extérieur, je me sentais mieux, c'était chaud comme un rayon de soleil, je ressentais quelque chose dans moi mais je ne savais pas ce que c'était, je ressentais, c'est tout. Ça me donnait envie de revenir pour sentir ça, mais je ne pouvais pas identifier, à l'extérieur de moi, ce que c'était. Encore une fois, je ressentais, c'est tout. Aujourd'hui, je sais que c'est l'intérêt et l'affection que Madeleine me portait.

Affectivement, je ne devais pas dépasser cinq ans. Intellectuellement, pas plus. Rien n'était développé chez moi.

Si, d'un certain côté, je me sentais mieux après les séances, d'un autre côté, c'était plus mal. Je n'avais plus de jambes, je tremblais et, en arrivant chez moi, je vomissais et me mettais au lit, incapable de me tenir debout.

Je vomissais, je vomissais... des souvenirs, des impressions, des sensations de mon enfance, mes lapins morts, un moment seule dans les bois, des peurs, des peurs de toutes sortes.

Ça m'est arrivé pendant un certain temps, puis de moins

en moins ; en ayant compris les mécanismes, je ne m'en inquiétais plus du tout, je ne rajoutais pas la surenchère de l'angoisse, je finissais par en rire et j'attendais que ça passe.

Je suis de caractère apathique, c'est-à-dire bien plus lente que ma mère, beaucoup moins agitée, et son rythme à elle que je ne comprenais pas m'affolait, m'agressait au lieu de me rassurer ; maintenant ça m'amuse de la voir quelquefois s'agiter.

Je suis aussi et surtout très « Sensation introvertie » ; je crois l'avoir bien assimilé. Tout événement me donne une sensation très forte et me bouleverse. Alors, je suis bouleversée et je me « sens » mal parce que c'est trop fort, même si c'est agréable. Tout passe de la même manière, les petites choses comme les grandes. Qu'est-ce qui avait déclenché ces bouleversements, je ne le savais pas. Je ressentais, c'était tout.

Petit à petit, je suis arrivée à voir d'où venaient mes émotions. Mais je ne pouvais même pas encore le formuler tant c'était fort et ma réflexion peu développée.

Plus tard, mes séances et mes coups de téléphone donnaient à peu près ceci : « Je me "sens" très mal, je sais pourquoi mais je ne peux pas le dire. »

Et maintenant, je me « sens » toujours, mais j'ai appris à réfléchir sur mes émotions pour les remettre à leur place et leur donner leur vraie valeur.

Josiane : Je voyais ma fille très inerte, elle prenait des médicaments qui la faisaient dormir toute la journée. Elle n'arrivait jamais à sortir de son sommeil et, quand elle en sortait, c'était pour faire des crises de spasmophilie. Elle avait envie de mourir, elle voulait se suicider et, pour calmer cette envie, on avait recours aux médicaments, aux psychiatres.

Quand le médecin a arrêté les médicaments, ce furent les crises d'hystérie, de spasmophilie et j'étais complètement perdue. J'appelais Madeleine trois ou quatre fois par jour pour demander conseil, je trouvais toujours une disponibilité totale complète au bout du fil, je trouvais la même de la part du médecin psychiatre qui fait partie de l'équipe.

Il faut, je crois, que je parle de ma personnalité. J'étais le contraire de ma fille, c'est-à-dire de caractère nerveux, agitée, toujours sur mon émotivité, incohérente parce que agitée par mes émotions, incapable de l'écouter puisque je parlais tout le temps, incapable de la voir, incapable surtout de voir combien elle manquait de compréhension et d'amour.

Le premier travail que j'ai fait en groupe fut d'apprendre à me taire, à écouter, à observer et cesser de jacasser sur mes émotions. Mes sentiments de culpabilité m'intéressaient plus que la découverte de ma fille. Je comprenais très bien tout ce qu'on m'expliquait, mais le lendemain tout était oublié, noyé dans de nouvelles émotions.

On m'a fait comprendre qu'aimer Fabienne ce n'était pas la couver mais faire preuve d'une autorité que je n'avais pas. Je protégeais son sommeil toute la journée au lieu de la pousser à agir. J'apprenais à avoir un nouveau regard sur ma fille, à la voir comme elle était, différente de moi.

Sans la rencontre avec Madeleine et sans la rencontre d'amour, je dis bien la rencontre d'amour et je pèse mes mots, car c'est de cela dont Fabienne avait le plus besoin *au départ*, et qu'elle ne recevait pas de ses parents ; sans cette rencontre avec l'amour elle ne s'en serait jamais sortie. Et puis, son analyste se mettait sur son rythme à elle, ce qui lui donnait le temps d'assimiler ce qui lui était dit, alors que moi, je la bousculais.

Je voudrais terminer avec quelque chose qui me paraît capital : dire à tous les parents qu'il est absolument indispensable que l'un des deux, au moins, vienne faire un travail psychologique pour comprendre leur enfant qu'ils sont persuadés comprendre et qu'en fait ils ne connaissent pas.

Il y a, aujourd'hui, entre Fabienne et moi, une compréhension, une connivence, pour ne pas dire une complicité, merveilleuse pour toutes les deux.

Lorsque j'ai fait la connaissance de Fabienne c'était un joli petit animal dont l'esprit était en friche, livré à lui-même, au gré de ses sensations et de ses imaginations, ne sachant ni observer, ni réfléchir, ni penser.

Nous avions en elle tout à la fois l'extravagance et la violence d'une hystérique — je me souviens de ces fameux dimanches où j'expliquais à Josiane comment se mettre à genoux à cheval sur Fabienne pour la maîtriser — et aussi le refus de communication et les folies sensorielles du schizophrène.

Aujourd'hui, elle apparaît à tous comme ayant une maîtrise peu commune de la pensée rationnelle, de ses ressentis intérieurs toujours différenciés de la réalité extérieure qu'elle sait parfaitement observer. Avec son caractère peu émotif, tout cela se fait dans le calme, le charme et la douceur.

Elle a découvert ses dons pour les arts graphiques, travaille pour payer ses cours de dessin.

Elle a fait connaissance avec son premier chagrin d'amour, ça fait mal, mais elle croit toujours à l'amour et a vécu sa déception et sa peine comme des réalités de la vie.

Comment expliquer cette pathologie violente chez un sujet naturellement calme et mesuré ?

Comme tout individu, Fabienne avait son potentiel d'énergie, surtout à 16 ans, et les médicaments qui maintenaient dans le sommeil cet esprit non structuré empêchaient l'utilisation continue et mesurée de cette énergie qui se déchargeait épisodiquement en explosions anarchiques.

Cela me rappelle le cas d'un garçon de 25 ans environ, très trapu, très fort, très physique, qui rêvait d'être soigneur dans un zoo et qui était « cloué » toute la journée sur une chaise, dans un bureau. Ce garçon un peu fruste qui aimait le risque, le danger, commençait à devenir, non pas soigneur de zoo, mais plutôt pensionnaire de zoo psychiatrique. Tous les jours, après le travail en rentrant chez lui, il donnait des coups de pied dans toutes les « bagnoles », y compris la sienne.

Après qu'il eut pris conscience de ce côté un peu fruste, instinctuel et aussi de toute son énergie, il me dit : « Qu'est-ce que je vais faire avec ça ? la guerre ? m'engager comme mercenaire ? » L'idée n'était pas mauvaise mais au lieu de cela, quinze jours plus tard, il s'était « engagé » dans un club de football (sport qu'il avait beaucoup aimé au lycée) et inscrit pour apprendre la boxe française. De quoi utiliser ses pieds sans médicaments.

Aujourd'hui, Fabienne, Josiane et son compagnon poursuivent leur analyse, mais chacun pour soi, ce qui pousserait certains à dire que l'analyse développe l'égoïsme. Nous pourrions écrire un nouvel ouvrage : « Comment devenir égoïste, en 18 leçons ».

Pour mémoire : psychiatrie, quatre ans

PSYCHIATRIE PSYCHANALYTIQUE

1983 à 1984	crises aiguës ne parle pratiquement pas
Dès 1983	arrêt des médicaments en continu, prescription pour états de crise. Sa mère vient en analyse pour assurer l'indispensable responsabilité psychologique de sa fille
1985	arrêt complet de tous les troubles et début d'éducation à la vie
1987	personnalité florissante et efficace ; travaille énergiquement et révèle un grand talent

Le coin technique

Fonctions de l'esprit	Sensation unilatérale sans aucun éclairage par les 3 autres fonctions englouties
Extraversion Introversion	unilatéralement introvertie
Féminin Masculin	assez indéterminés
Caractère	non-émotif non-actif secondaire } Apathique

SOPHIE

Une folle « handicapée adulte à vie »

qui se porte bien après seize années de souffrances

Célibataire, jamais travaillé, 33 ans lors de l'interview en 1983

PSYCHIATRIE

de 1965 à 1981 : de 14 à 30 ans (seize ans)

Diagnostic : obsessions - phobies - hallucinations - somatisations diverses intenses

1965 premiers symptômes à 14 ans

1966 premières manifestations de dépression - six mois
ne sort plus, ne se lave plus, ne supporte plus la lumière, hallucinations : dans une glace voit, à la place de son visage, des monstres difformes, des visages d'épouvante

1967 hallucinations de plus en plus fortes
de plus en plus fréquentes
souffrances intolérables
1re tentative de suicide
1re hospitalisation
Traitement cure de sommeil
chimiothérapie

1967-1971 6 tentatives de suicide
8 hospitalisations
tentative de suicide à l'hôpital
Traitement : chimiothérapie : neuroleptiques, antidépresseurs ; le tout à fortes doses

1970-1981 hôpital de jour : onze ans

1978-1982 pension d'« handicapée adulte à vie ». A coûté à la Sécurité sociale 1 200 000 F en quatorze ans. Si elle avait vécu jusqu'à 60 ans, en réajustant le Franc, aurait coûté environ 7 millions.

Avant de raconter mon histoire je voudrais préciser qu'avant de pratiquer ce type d'analyse, j'avais vraiment tout essayé : j'ai été suivie pendant onze ans en psychiatrie, j'ai essayé la méthode Mességué, j'ai vu des magnétiseurs, des sorcières, des curés qui mettent la main sur la tête pour enlever « la fameuse dépression nerveuse », j'ai aussi fait de l'acupuncture... enfin tout, si bien que je ne croyais plus à rien.

J'ai commencé à être vraiment très très mal dans ma peau à l'âge de 13 ans, donc en 1963. Ma première tentative de suicide remonte à l'âge de 17 ans ; je me suis ouvert les veines et j'ai avalé 80 comprimés de Binoctal.

Je voulais mourir parce que je me trouvais moche, parce que je trouvais que je ressemblais à un homme, parce que je me trouvais très laide, horrible — c'est dur à expliquer parce qu'aujourd'hui j'ai envie de rire — mais je pensais que « je n'avais pas le droit d'exister avec la gueule que j'avais ».

Maintenant, je sais que c'était un délire, mais quand je me regardais dans la glace, je voyais un homme avec de grandes épaules, de petits yeux...

Pendant des années je me suis maquillée à la lumière rouge, la lumière du jour me faisait peur.

Et ça a duré quatorze ans, quatorze années pendant lesquelles je me suis fabriqué une tête qui n'avait rien à voir avec la mienne : j'avais un bandeau rempli de coton sur les oreilles, mes oreilles me faisaient mal mais il ne fallait pas les montrer, c'était comme ça. En plus j'avais une petite corne au milieu du front, cette petite corne c'était une petite mèche de cheveux collée avec du vernis à ongles pour que ça tienne, je me faisais le tour des lèvres avec un crayon marron parce que je voulais avoir de grosses lèvres, enfin je voulais ressembler à tout sauf à moi.

Ce bandeau m'a fait souffrir pendant quatorze ans, je ne pouvais pas l'enlever, même pour faire l'amour, c'était atroce. La maison aurait brûlé que je ne serais pas sortie sans lui, jamais personne, en dehors de mon père, ne m'avait vue démaquillée.

Et puis à 19 ans, entre deux tentatives de suicide, entre deux séjours à l'hôpital psychiatrique, on m'a trouvé une place de vendeuse en parfumerie. Ça commençait à bien marcher mais je me suis coupé les veines, alors on m'a virée.

À partir de ce moment-là ça a été fini, je n'ai plus quitté l'hôpital (hôpital de jour ou service fermé dans un hôpital psychiatrique).

Donc de l'âge de 19 ans jusqu'à mon début d'analyse, à 29 ans, j'ai été sous médicaments à très, très fortes doses. Un seul me procurait quelque soulagement. J'en prenais 10 par jour. Le psychiatre m'en donnait, le médecin de famille m'en donnait et j'en piquais aux copains dans les hôpitaux psychiatriques : on les échangeait contre des paquets de cigarettes... En plus des médicaments j'ai eu droit à des électrochocs, et j'ai eu une cure de sommeil de trois semaines...

Pendant cette cure de sommeil, inconsciente je réclamais mon père. C'était normal puisque c'était la seule personne qui m'aimait, que j'aimais, qui s'occupait de moi... bon, bref. À mon réveil la psychiatre qui me soignait m'a dit : « Vous avez des rapports sexuels avec votre père. » J'ai sauté du lit et mon père à qui je l'ai dit a failli lui casser la figure. C'est une chose qui m'a fait horriblement mal, je ne comprenais plus rien, je souffrais, j'avais seulement besoin qu'on s'occupe un peu de moi et on m'accusait de trucs que je n'avais pas, j'en avais déjà bien assez comme ça !

En 1978, mon père s'est fait opérer du cœur, je suis restée seule avec ma belle-mère, une vraie marâtre. Elle m'enfermait dans le poulailler, me supprimait mes médicaments, me fermait la télé, voulait absolument me voir démaquillée... elle me traitait de parasite, de comédienne puisque, à cet âge, rester chez son papa, aller dans un asile, prendre des médicaments... c'était un peu bizarre !

La vie devenait donc insupportable, alors je me suis mariée avec le premier garçon que j'ai trouvé. Nous étions dans le même hôpital depuis dix ans...

Peu de temps après mon mariage on m'a virée de l'hôpital de jour où j'étais parce qu'on m'a rendue responsable du suicide d'un copain. Ce copain que j'aimais beaucoup s'est jeté du cinquième étage devant mes yeux et devant les autres malades. Étant donné que j'étais souvent avec lui on m'a accusée d'avoir fichu la pagaille.

Mon père m'a alors trouvé un autre hôpital, où j'ai fait deux ans de pénitence (rire) avant de venir voir Yves.

À tout cela je dois ajouter que depuis l'âge de 17 ans je buvais. J'appelle boire, boire 2 litres de rouge dans la soirée. L'alcool plus les médicaments... c'était pas chouette, mais c'était pour moi le seul moyen de supporter la souffrance.

Je cultivais aussi un plaisir très très morbide. La nuit, vers 3 heures du matin je «faisais» le mur du cimetière et je m'allongeais sur les tombes. Parmi les morts, je me sentais vraiment très bien parce que la mort c'était mon monde. Mon seul but était la mort, la plus belle chose pour moi c'était la mort, la mort c'était la paix, la mort c'était un monde où personne ne voyait mon maquillage, où personne ne me critiquait.

Bien évidemment je détestais tout le monde, que je rendais responsable de tous mes maux parce que tout le monde me regardait, parce que tout le monde voulait me donner des conseils.

À ce moment je ne comprenais pas tout ça, il y avait une telle confusion dans ma tête. À cette époque, je vivais avec J.M., mon compagnon de nuit si je peux dire, puisque les journées, je les passais à l'hôpital de jour. C'est lui qui m'a poussée à l'analyse avec Yves Dienal.

La première entrevue avec lui en 1981 a été plutôt orageuse. J'ai été reçue par un monsieur dont la première phrase a été : «Vous êtes une égoïste, vous ne pensez qu'à vous...» J'étais furieuse, je l'ai bousculé et lui ai dit : «Vous êtes le seul psychiatre qui me parle aussi méchamment, tout le monde m'a toujours dit des mots gentils, on m'a toujours donné des comprimés, je souffre et vous me traitez d'égoïste, ça ne va pas, vous êtes un monstre...» Je l'ai même traité d'ancien nazi et de professeur Tournesol... Je me suis presque battue avec lui.

Inutile de dire que je n'avais pas envie de revenir, mais J.M. m'a dit : «C'est un choix, ou tu vas chez Dienal ou tu te démerdes et tu crèves !»

Comme je voulais m'en sortir je suis donc allée à mon deuxième rendez-vous en ravalant mes larmes, il ne fallait pas que je pleure car cela m'aurait démaquillée.

À l'hôpital, j'avais un copain, A. — c'était un super-parano — il avait beaucoup d'influence sur moi, comme moi sur lui. Il vivait dans un monde à lui, schizophrène, il me disait: « Sophie, ne sommes-nous pas dans un rêve? Peut-être tu n'existes pas, donc tu n'as pas à souffrir, donc tu n'es ni belle ni moche, ne t'inquiète pas... » Moi je partais là-dedans. Toujours est-il que je lui ai raconté ma première séance, et qu'il m'a dit: « Bon, je vais lui casser la gueule. » J'ai dit: « OK, vas-y, c'est un salaud. » Et A. a pris rendez-vous, je ne sais pas ce qui s'est dit mais il a changé d'avis.

Le deuxième entretien s'est encore mal passé, et pourtant quelque chose a commencé à vivre en moi et je me suis dit « Merde, ce qu'il m'a dit est horrible mais c'est la vérité. »

Je me suis accrochée et pourtant, au début, je ne comprenais pas grand-chose, Yves me parlait de ma non-activité, mot barbare à l'époque. Je parlais toujours de faire mille choses et je ne faisais rien, absolument rien; ce n'était que des mots, n'importe quoi d'ailleurs.

J'ai beaucoup travaillé cette attitude et les choses ont changé progressivement.

Le premier résultat a été le fait que j'ai pu supprimer, avec l'accord d'un médecin presque tous mes médicaments, sauf un que je gardais encore pour les moments trop durs; cela trois semaines seulement après le début de mon travail psychologique.

Au bout de trois mois j'enlevais le bandeau que j'avais sur la tête; c'était la première fois depuis quatorze ans! Quelle joie! J'ai téléphoné en larmes: « Ça y est, Yves, j'ai enlevé ça. » Le soir même je venais à la conférence sans mon bandeau, sans ma petite mèche sur le front, sans maquillage... C'était la première fois de ma vie que j'osais me montrer sans rien puisque le bandeau était tout.

Dans le même temps, la souffrance a énormément diminué, l'angoisse existait encore mais beaucoup moins forte. J'étais toujours en hôpital de jour, donc sous l'influence des psychiatres et des autres malades. Je luttais pour m'en sortir mais c'était dur, surtout que J.M. n'allait pas encore en analyse, qu'il me battait et buvait.

Et puis six mois plus tard, soit environ neuf mois après

mon premier rendez-vous, les angoisses ont, elles aussi, complètement disparu. Je peux dire aujourd'hui que je ne sais plus ce qu'est une angoisse.

Un jour, j'ai dit : « Ça y est, je n'ai plus d'angoisses ! » et lui de me répondre en riant : « Ma pauvre Sophie, comment vas-tu t'occuper maintenant ? »

En avril 1982 j'ai quitté l'hôpital de jour ; pour moi c'était une grande décision car depuis douze ans c'était mon seul refuge, j'y étais bien, j'y étais protégée, on m'y donnait des médicaments, j'y mangeais, j'y avais des copains...

Je bénéficiais depuis plusieurs années d'une pension d'handicapée adulte ; malgré ça, dès ma sortie de l'hôpital de jour, je me suis mise à chercher du travail afin de vivre comme tout le monde. Mais je n'en voyais pas encore l'utilité, alors, dès que j'avais une place je somatisais. Pour moi, l'argent servait uniquement à payer le loyer. Je ne savais pas qu'on pouvait se payer des loisirs, je ne comprenais pas ce mot-là, il était vraiment étranger à ma langue.

Il faut dire que jusque-là ma seule motivation avait été la mort. Je ne savais pas ce qu'était la vie, et, du côté de l'activité, j'étais archi-rouillée.

Donc je ne souffrais plus, je vivais, mais je ne savais pas pourquoi, c'était assez embêtant !

Mon analyste a alors changé de méthode, il m'a dit : « Tu arrêtes de chercher du travail, nous allons ensemble découvrir tes plaisirs de vivre. » Alors je me suis inscrite de moi-même à un cours de dessin. Ça n'a pas été facile au début car la discipline et moi ! Mais très rapidement j'y ai pris un plaisir énorme, on m'a d'ailleurs dit que j'étais très douée et, plusieurs fois, j'ai fait le meilleur dessin.

Au cours je me suis fait des copains, je suis allée au cinéma avec eux et peu à peu j'ai compris ce que le travail permettait : s'offrir des plaisirs, se payer des vacances et je me suis mise tout naturellement à chercher vraiment du travail. Je ne comprenais donc plus les choses de façon théorique, je commençais à les ressentir vraiment.

Depuis trois semaines je travaille comme hôtesse dans un club sportif. Ce n'est pas toujours facile car je ne connais rien de la vie mais je m'accroche et ça va.

J'ai oublié de parler des somatisations. Avant d'entreprendre mon analyse j'avais plein de somatisations : j'avais toujours le ventre ballonné comme si j'étais enceinte, j'avais toujours mal au ventre, je n'arrivais plus à marcher tellement j'étais fatiguée, j'avais mal au bras, j'avais des migraines épouvantables, j'avais des vertiges tous les matins, et j'en oublie beaucoup maintenant que tout cela est fini.

Quand j'ai compris qu'à la première contrariété je me mettais sur ma seule sensation, assise sur une chaise avec une verre à la main et mon paquet de cigarettes et que c'était de là que venaient mes malaises, je me suis mise dans l'action.

Quand je me sens « mal », je me remue, je réfléchis, j'essaie de penser aux autres, à ce que l'analyse m'a appris. Conclusion : aujourd'hui je n'ai plus du tout de somatisations.

Malade depuis quatorze ans, avant même d'avoir commencé sa vie, Sophie vient nous voir en 1981, elle a déjà coûté 120 millions de centimes à la Sécurité sociale et est considérée comme incurable puisqu'elle « jouit », si l'on peut dire, d'une « pension d'handicapée adulte à vie ».

Quant au diagnostic, de quoi occuper la faculté de psychiatrie durant des années : hystérie, obsessions, délires d'interprétation, hallucinations, excitation, crises démentielles, tendances suicidaires, incohérence, alcoolisme, fixations fétichistes, le tout complété de somatisations diverses et d'un état de souffrance lancinant et indéterminé.

Sophie est une grande fille, longue, mince et athlétique. Sa tête est vraiment bizarre, curieusement laide malgré des traits réguliers, et auréolée d'une sorte de chiffon violacé d'où émergent des mèches collées comme à la Sécotine.

Les débuts de traitement, car on ne peut parler d'analyse, furent très difficiles. Sophie n'écoute pas, réagit à chaque mot sans même en comprendre le sens. Peu à peu, elle entend et peut enregistrer que son père n'est pas chaleureux, mais il a fallu un certain délai pour qu'elle puisse associer : « Ton père ne te donne pas de chaleur parce qu'il n'est pas chaleureux. »

La différence avec Maud qui, elle aussi, est branchée sur ses ressentis, est fondamentale. Maud, très introvertie, était immobilisée sur son état de malheur profond vécu en intensité et Sophie au contraire, très extravertie, se dispersait superficiellement dans toutes les directions, réagissant sans contrôle à toutes les sollicitations extérieures, ne fût-ce qu'à une mouche en vol.

La progression que Sophie décrit dans son récit et la régression de ses troubles sont le résultat de la progression de ses capacités d'écoute, de réflexion et d'association ; en résumé, le résultat du développement de ses capacités d'approfondissement.

Lorsque qu'elle a commencé à travailler, il suffisait d'une parole qui lui déplaise pour qu'elle « laisse tomber ». Son ancienneté dans ses premiers emplois n'excéda pas un jour, deux jours, trois jours, une semaine fut un record.

Aujourd'hui, en 1987, Sophie a totalement quitté la pathologie. Elle a le physique et l'élégance d'un mannequin ; sa nature spontanée s'exprime par une gaieté, une bonne humeur, une fantaisie, un dynamisme contagieux.

Elle assume entièrement sa vie et sans médicaments depuis des années.

Si elle ne prétend pas à la profondeur philosophique, elle a acquis dans les groupes une connaissance assez précise des différents caractères, et notamment des débordements possibles du sien, qui la préserve probablement de toute possibilité de rechute.

Pour mémoire : psychiatrie, seize ans

PSYCHIATRIE PSYCHANALYTIQUE

Mai 1981 à mars 1982	7 mois
Résultats :	arrêt de tous les médicaments après deux semaines. Fin des obsessions et hallucinations, trois mois après le début de traitement Quitte l'hôpital de jour, cherche du travail Pendant trois ans, poursuit son analyse seulement en groupes
Juin 1983	sa pension d'« handicapée adulte à vie » lui est supprimée

Le coin technique

Fonctions de l'esprit	les vibrations émotionnelles tiennent lieu de fonctions, lesquelles sont informes et indéfinissables
Introversion Extraversion	réactions primaires, superficielles à tous stimulus extérieurs réactions à l'Inconscient collectif aucune coordination
Féminin Masculin	réactions typiquement hystériques avec Animus puissant et anarchique
Caractère	très émotif non-actif très primaire } Nerveux

La Secondarité, c'est-à-dire la capacité de réflexion et d'élaboration intérieure, est nulle.

Et voici qu'apparaît la schizophrénie

Si nous avons commencé par exposer quelques cas triomphants, la pathologie qui, dès le début, nous mobilisa, qui nous donna le plus d'espérances et aussi le plus de déceptions, fut la *schizophrénie.*

La schizophrénie se manifeste par une modification du comportement : dans un ordre variable, le patient se replie en lui-même, se coupe du monde extérieur, tient des propos dans lesquels il voit Jésus-Christ, le diable, Dieu, ou se prend pour l'un d'eux, vit des angoisses et des sensations intolérables, se sent agressé et devient lui-même agressif, voit son corps, sa tête, ou les objets extérieurs déformés, reste prostré, etc.

La médecine s'interroge encore sur l'origine de cette incompréhensible pathologie, attendant chaque semaine la découverte d'une anomalie cérébrale ou chimique, ou du moins l'invention d'une pilule antidote.

Si la médecine n'explique rien, les découvertes de la chimie sont capables d'endiguer la progression du phénomène sans pour autant mettre le patient dans un état psychologique satisfaisant.

À nos débuts, nous avions établi un parallèle saisissant entre nos états de bouderie et les signes précurseurs de la schizophrénie : on se replie sur soi jusqu'à la prostration, on se cloître dans sa chambre, on refuse la communication avec le monde extérieur, on déforme les faits, on se croit agressé, on en veut à tout le monde.

Schématiquement, nous dirons que la schizophrénie est le résultat d'une introversion unilatérale. La réparation se fait donc en développant l'extraversion.

Cette simplification poussée à l'extrême est sans rapport

avec la très grande difficulté de la réparation qui mobilise chez le thérapeute une science de toutes les structures de l'esprit, une énergie et une patience que l'on a du mal à imaginer, et aussi un dévouement et un sentiment affectif intense, poussé quelquefois jusqu'à la tendresse amicale, paternelle ou maternelle, sans quoi rien ne marche.

Si l'on sort relativement facilement le patient de son état aboulique et délirant, il tend irrésistiblement, durant des mois, à y retourner.

Lorsque l'on voit les effets de la chimie sur Françoise-la momie, on peut facilement imaginer ceux qu'ils peuvent avoir, au fil des années, sur des personnalités à tendances passivement introverties. Pour cette raison, ce sont des cas qui, faciles au début, deviennent, avec la chimie prolongée, de plus en plus lourds.

On s'est aperçu que, très régulièrement, la famille interrompait le traitement dès que « son malade » commençait à l'être moins, ce qui nous a conduits à conclure que la guérison du schizophrène relevait davantage du milieu, médecin compris, que du malade lui-même.

Pour ce type de personnes, ce n'est pas une chimiothérapie, amoindrissante, « à vie » qui devrait être envisagée, mais une psychanalyse d'entretien et de développement « à vie » (cinq séances par an). De la même manière que l'on fait de la culture physique à vie.

Il est bien difficile, sinon impossible, à l'académisme scientifique de comprendre le principe de l'approche et de la guérison d'une psychose.

L'opération à réaliser est la même que celle qui consiste à transformer un animal sauvage, peureux, agressif, féroce, en un autre, calme, confiant, heureux. Présence, connaissance de la psychologie particulière du sujet, amour vont peu à peu faire leur effet, tantôt lentement, tantôt plus vite, tantôt étonnamment vite.

Là est l'écart entre la science de l'esprit et ce qu'on appelle habituellement la Science ; là est l'écart entre le cœur qui, comme chacun sait, n'est pas scientifique et la raison qui, elle, se veut scientifique.

GILBERT

Une schizophrénie paysanne

7 juin 1972

Le père de Gilbert (grosse voix paysanne) : Il fait de la dépression. Moi je ne sais pas ce qu'il a. Chaque fois qu'il a quelque chose qui le contrarie, il perd le nord.

Gilbert (petite voix grelottante à peine audible) : J'ai peur, je veux m'en aller.

Yves : Pourquoi vous en aller ?

Gilbert : Parce que j'ai peur.

Yves : Oui, peur de quoi ?

Gilbert : De faire du mal aux autres. Je suis au courant de beaucoup de trucs.

Yves : De quels trucs ?

Gilbert : On est contrôlé par les nerfs... par effet magnétique. Je sais tout ça. Quand je veux faire quelque chose, je sens bien en moi-même que ça craque. Et puis... euh... euh... quand je vois pas clair, je vois des barres dans les yeux, je vois flou par moments. Et...

Yves lui offre une cigarette.

Gilbert : Je devrais pas dire tout ça. Une fois j'ai été à Paris, au Val-de-Grâce, j'étais à l'armée, on m'a envoyé au Val-de-Grâce, on m'a fait le doigt de pied qui se tirait. Alors j'ai compris que j'avais des contractures. Ça venait des forces supérieures à moi. Je les sens de plus en plus, je tremble en ce moment.

Yves : Comment se passent vos journées ?

Gilbert : J'ai peur. Je sais pas où me fourrer (bafouillages incompréhensibles). Des voix intérieures me disent que je suis bête. J'ai vu une pièce de 500 F qui est tombée (il répète). C'est pas des bêtises ça, une pièce de 500 F, elle est tombée dans ma main. Elle est venue. J'ai eu un temps d'arrêt en moi-même. Comme une voiture, elle a traversé une chaîne. J'ai vu tout ça...

Je voudrais faire des choses, j'y arrive pas.

Yves : Quelles choses ?

Gilbert : Je pourrais faire mieux que ce que je fais.

Yves : Quoi ?

Gilbert : Les actes que je fais.

Yves : Quels actes ?

Gilbert : Je pense de trop.

Yves : Quels actes vous voudriez faire mieux ? (Sans réponse, la question lui est reposée trois fois.)

Gilbert : Nettoyer quelque chose... nettoyer par terre.

Yves : Oui, où ça ? (Réponse incompréhensible suivie d'un grand silence.)

Yves : Ouh, ouh. Où êtes-vous ? (Deux fois.)

Gilbert : Je suis parti.

Yves : Où ça ?

Gilbert : Dans mes pensées.

Yves : Qu'est-ce qui se passe dans vos pensées ?

Gilbert (voix étouffée) : Beaucoup de choses.

Yves : Quoi ?

Gilbert : Je me retourne contre eux en ce moment. Je me venge. Je ne sais pas de quoi.

Yves : De quoi voulez-vous vous venger ?

Gilbert : Je ne sais pas.

Yves : De quoi voulez-vous vous venger ?

(Silence, très long silence.)

...

***20 septembre 1972 :* trois mois et quinze jours après la séance précédente, en tenant compte de sept semaines de vacances durant lesquelles il n'y a pas eu de séances.**

Gilbert (grosse voix, joyeuse, bien timbrée) : Quand je suis dans la rue, ça va. Je me suis promené toute la journée dimanche en mobylette. J'ai été chez des gens. J'ai vu des copains. Je suis rentré, il était 8 heures et demie le soir. Ça me dirait même d'aller au bal, passer une soirée. Peut-être rencontrer une occasion (rires).

Yves fait écouter à Gilbert son précédent enregistrement.

Yves : Qu'est-ce que ça te fait d'entendre ça ?

Gilbert : La voix, elle est toute petite alors que maintenant j'ai une grosse voix.

Yves : Tu te souviens de tous les phénomènes que tu ressentais ?

Gilbert : Je me rappelle très bien, je pourrais les raconter mais maintenant c'est fini, je n'y pense plus du tout. C'est marrant, c'est la science que vous avez qui m'a enlevé ça.

Yves : Qu'est-ce que tu penses de cette évolution ?

Gilbert : C'est formidable. Ça a changé vite, presque d'un seul coup je trouve. Maintenant je suis content, je suis dans la vie, comme je vivais avant de tomber malade. Je peux faire à peu près ce que je veux. Je me sens assez de force. Enfin je pense avoir assez de force pour faire quelque chose de valable.

Le père de Gilbert : Oh ! y'a du mieux. Moi je le vois presque normal maintenant. Ça va, pour moi, je vois que ça va, ça va même tout à fait bien. On n'a jamais un mot, jamais de dispute. On parle, on peut discuter. Il est toujours de bonne humeur. Il a le sourire, il n'est plus endormi, plus renfermé. Je le vois normal.

Enregistrement du 20 avril 1973 : c'est l'analyse d'un rêve de Gilbert dans lequel il est question d'une bineuse à cheval. Nous sommes en groupe et Gilbert explique de manière très claire et très technique ce qu'est une bineuse à cheval et son rôle dans l'agriculture. Tout le monde l'écoute attentivement...

Gilbert était totalement occupé par ses pensées intérieures qui se sont peu à peu transformées en visions puis en hallucinations ; dans le même temps, il se désintéressait tout aussi totalement du monde extérieur.

Cet excès d'intériorisation étant la base de la maladie, on ne s'interrogeait pas sur la signification des délires qui n'en étaient que la conséquence ; on ne s'occupait pas non plus de savoir s'il avait été amoureux, inconsciemment, de son arrière-grand-mère !

J'étais un objet extérieur à lui, et je m'intéressais à lui ; il s'intéressa à moi, donc à l'extérieur, puis aux amis du groupe, l'extraversion se développait et l'équilibre s'installait.

Gilbert habitant la province ne venait que deux fois par mois. Au bout d'un an (dix-huit séances), il se sent bien et arrête son traitement. Les progrès avaient été considérables mais le développement de la personnalité était très insuffisant pour prévenir toute rechute. Nous faisions promettre à sa famille de nous ramener Gilbert si le moindre trouble réapparaissait, ce qui ne manqua pas de se produire un an plus tard.

Une séance suffit pour que tout, momentanément, rentre dans l'ordre, mais Gilbert ne revint plus et on n'entendit plus parler de lui, qui, très probablement, a poursuivi son odyssée pathologique. Nous n'avons pas réussi à retrouver sa trace.

Gilbert aurait justifié d'un traitement de développement beaucoup plus long, et ensuite de quelques séances d'entretien par an. Le bon état de notre colonne vertébrale est beaucoup plus exigeant : une heure de culture physique par semaine, à vie.

Gilbert était assez fruste et sa culture limitée, mais les études universitaires ne sont pas une garantie contre la schizophrénie puisqu'un contingent important de schizophrènes que nous avons eu à traiter étaient, sans transition, sortis brillamment d'une ou plusieurs grandes écoles pour rentrer discrètement en établissement psychiatrique.

La chose se comprend aisément puisque la connaissance livresque est une représentation intérieure ; elle n'est pas le contact avec la vie. La contemplation d'une carte de géographie ne donne pas les expériences du voyage.

ALBERT ET CARINA

Le grand théâtre schizo-paranoïde

Albert, célibataire, 25 ans lors de l'interview en 1981

PSYCHIATRIE

de 1974 à 1976 : de 18 à 20 ans
(deux ans d'états délirants)

Diagnostic : schizophrénie paranoïde

1974 1er délire
1re hospitalisation
Traitement chimiothérapie
quelques entretiens avec un psychiatre
Résultat arrêt du délire
mais comportements incohérents

Six mois plus tard nouveau délire
2e hospitalisation placement d'office après arrêt sur la voie publique par la police

Un peu plus tard antipsychiatrie en Angleterre
3 hospitalisations successives : 1 semaine
1 semaine
2 mois
Résultats : arrêt du délire
mais profond état dépressif

À l'issue de la 3e hospitalisation, le psychologue reconnaît ne rien pouvoir de plus

C'est en 1974, à l'âge de 18 ans, que j'ai eu mon premier délire paranoïde. Je me prenais pour différents personnages tels que le Christ, Judas...

Hospitalisé pendant deux mois, j'ai eu essentiellement un traitement chimiothérapique et quelques entretiens avec des psychiatres. C'étaient plutôt des entretiens d'information pour eux que de psychothérapie pour moi.

Puis j'ai passé une année sans délire, une année à l'issue de laquelle j'ai obtenu le bac sans avoir mis les pieds à l'école.

Ensuite ce fut la faculté. N'ayant aucune idée de ce que je voulais faire, je me suis accroché à ce qui me semblait le plus sérieux : l'histoire, me disant : « Au moins là, il n'y a pas matière à délire. » En fait je me suis ennuyé comme un rat mort et j'ai pris le premier prétexte venu pour quitter la fac.

J'ai alors suivi des cours de philo. J'allais à n'importe quels cours de première ou de deuxième année ; il y aurait eu une troisième année j'y serais allé... Quelque chose n'allait donc pas à ce moment-là.

Et puis un jour, j'ai commencé à rentrer au petit matin et je me suis remis à délirer. J'ai rencontré un gars très sympa, et l'ai amené chez ma mère. Là je me suis amusé à me déguiser et le gars m'a suivi. Donc déguisés, munis d'un magnétophone, nous sommes sortis et j'ai interviewé les passants en les emmerdant vraiment. J'ai voulu rentrer dans un café pour continuer mon petit jeu mais le cafetier m'a mis dehors. Je trouvais ça inadmissible et je me suis précipité dans un magasin pour téléphoner à police-secours. Puis j'ai traversé la rue et j'ai cassé la borne d'appel d'urgence des pompiers... Lorsque la police est arrivée, ce n'est pas le cafetier qu'elle a arrêté, c'est moi, et j'ai été placé d'office à l'hôpital. Je m'en suis sauvé au bout de deux jours. Ma mère, médecin, a obtenu de l'hôpital qu'on me laisse dehors pour m'envoyer en Angleterre dans un centre antipsychiatrique.

Le Centre se trouvait dans la banlieue de Londres. Les malades y sont répartis dans différentes maisons et sont en contact avec la vie quotidienne. Ceci est beaucoup plus efficace que les médicaments. De plus, une équipe de psychologues est là, avec lesquels on peut discuter...

Je suis revenu d'antipsychiatrie au bout d'une semaine, je n'étais plus délirant mais dans un état de grande prostration, très mal dans ma peau.

J'ai passé tout un hiver dans un fauteuil, sans pratiquement bouger.

Et puis, poussé par ma mère, je suis allé au Renouveau charismatique. C'était une bonne chose, ça m'a permis de connaître de nouvelles personnes et en particulier Ch., une jeune fille dont je suis tombé amoureux fou. Nous avons couché ensemble, ce qui était important pour moi. Avec elle j'ai connu les moments les meilleurs mais aussi les pires.

J'avais rencontré Ch. dans une ambiance religieuse et j'ai fait un délire mystique. La morale a pris le pas sur l'amour et ça a été le début de la merde. J'étais heureux dans ma relation sexuelle avec elle, je continuais à la désirer fortement et je me le suis interdit.

Cela se passait début 1976. Ch. de son côté était une fille fragile et moi n'étant pas bien, elle ne l'était pas non plus... elle cherchait des solutions, notamment dans la Méditation transcendantale.

Enfin, un jour, je suis allé au Renouveau participer à une réunion de 200 à 300 personnes ; j'étais alors très excité et tout à coup je me suis mis à hurler, à insulter tout le monde... je cassais les verres et marchais sur les morceaux. Je suis sorti de la salle toujours gueulant, entouré d'amis qui voulaient m'aider et qui se sont relayés auprès de moi pendant une semaine environ, jusqu'à ce que l'on me ramène en antipsychiatrie.

Je suis donc retourné en Angleterre et il s'est passé quelque chose d'étonnant : je suis arrivé un dimanche soir complètement délirant et le lundi, sans l'aide d'aucun médicament, je me suis réveillé allongé sur un divan, incapable de parler, mais avec une certitude : « J'existe, j'existe. » Pour me soulager de la douleur causée par la prise de contact avec le monde, je babillais, je babillais comme un bambin. Je n'imitais pas le bambin, j'étais vraiment en train de le devenir. Est-ce ce que l'on appelle une régression ?

J'étais de plus incapable de manger, je ne pouvais que boire du lait. Cet état a duré cinq jours au bout desquels j'ai pu manger un peu de poisson.

Puis je suis rentré à Paris. J'avais vraiment le sentiment de grandir de jour en jour. À mon retour j'avais à peu près 13-14 ans. Mon entourage, que j'avais quitté cinq jours auparavant complètement délirant, était stupéfait de me retrouver calme, bien, la tête bien droite, les épaules basses, comme je n'avais pas été depuis deux ans.

Mais cet état de bien-être n'a pas duré, j'ai à nouveau déliré et me suis retrouvé à nouveau en antipsychiatrie. Le psychologue qui s'occupait de moi a déclaré forfait, il ne pouvait plus rien pour moi. De plus, à son avis, je ne délirais pas. J'étais malheureux, très très malheureux, j'en avais ras-le-bol...

De retour à Paris après un séjour de deux mois en Angleterre, j'étais profondément déprimé. Ma mère qui était en analyse chez Yves depuis quelques mois m'a alors traîné de force chez son thérapeute.

Je suis donc venu voir Yves pour la première fois à l'automne 1976. Je suis ressorti de cette première séance avec un choix très clair : aller mieux et pour cela travailler en analyse, ou aller d'hospitalisation en hospitalisation jusqu'à une hospitalisation définitive.

Il m'a présenté les choses d'une façon assez sévère, sans concession, sans pommade.

Pendant six mois je suis venu en séances individuelles et en groupe à raison d'une par semaine. Ensuite je ne suis plus venu qu'en groupe, une séance tous les quinze jours.

Je ne venais en séance individuelle que lorsque Yves m'en offrait une parce qu'à ce moment-là je n'avais pas beaucoup d'argent, j'étais au SMIG.

Le premier travail d'analyse a été la remise en place de mes façons de penser. J'avais une tête complètement en friche, une façon de penser magique, religieuse, mais religieuse d'une mauvaise manière. Tout chez moi était très archétypique : le bon était en haut, le mal en bas et toute ma vie était basée sur ces principes. L'abstinence étant en haut et la sexualité en bas, je refusais de faire l'amour avec Ch.

Je me souviens d'une séance où Yves m'a expliqué que mes représentations du haut et du bas étaient des archétypes, des symboles, mais que ça n'avait pas une réalité tangible, que chaque chose avait un haut et un bas, mais que l'un n'est pas meilleur que l'autre.

Nous avons eu des discussions pas faciles, mais ça a été un moment charnière de l'analyse ; si nous n'avions pas réussi ensemble à faire évoluer ces conceptions génératrices de troubles je ne m'en serais jamais sorti.

D'un autre côté, je me sentais très très malheureux du fait que je restais très amoureux de Ch. et que la relation s'était éteinte. Tout bêtement, Yves me consolait, comme l'aurait fait un bon père.

Et puis il y a eu quelque chose d'essentiel, qui fait partie de sa méthode pour faire progresser rapidement les patients : il m'a fait prendre conscience de la façon dont je fonctionnais et ce fut décisif. Je pense qu'on ne peut pas guérir sans apprendre à se connaître et à se comprendre.

Il y a eu deux stades dans l'évolution : tout d'abord la compréhension, et ensuite toute la mise en place dans la vie quotidienne qui demande du temps.

Fin 1977 je prends un boulot dans une société d'informatique, je quitte la maison et loue un petit studio... en fait, les choses se mettent en place petit à petit.

Jusqu'alors j'avais fait quelques petits boulots que j'avais du mal à assumer parce que déchiré par la discipline, révolté contre la société, et incapable de m'extérioriser. Mais cette fois, ça marchait.

Un autre stade important dans mon évolution fut celui où j'ai été amené à en aider d'autres et ça, peu de temps après que j'ai été moi-même très mal.

Donc en 1978, je commence à en aider d'autres avec des moyens intellectuels certains, avec une certaine facilité à entrer dans les subtilités de la psychologie mais, par ailleurs, avec un narcissisme extraordinaire, une fierté démesurée et beaucoup d'enfantillage.

Après avoir aidé une jeune garçon très déboussolé, avec des idées de suicide... j'ai continué à voir quelques jeunes pour aider Yves.

Et puis j'ai changé de travail, je suis rentré dans une librairie. Dans ce métier il y a contact avec le client, ce fut un apprentissage très intéressant pour moi. Maintenant je suis très à l'aise.

Récemment, j'ai pris conscience que je n'avais pas de cœur, que mon sentiment est vraiment mini, mini... J'ai de bonnes intentions mais elles ne sont pas vraiment vérifiées par un élan altruiste.

À propos du sentiment, je voudrais parler de ma relation avec Yves. Le premier contact a été vraiment mauvais, ça a fait court-circuit. Je suis ressorti de chez lui en gueulant: « C'est un clown, un gourou... » Puis, petit à petit, a grandi en moi une véritable admiration pour lui, pour le travail qu'il faisait et il s'est établi une solide affection, mais accompagnée d'une exigence de ma part tout à fait déplacée. Cette exigence a été jusqu'à la haine et a éclaté dans un délire, le dernier j'espère.

L'origine de ce délire a été, là encore, une femme, S. Il faut dire que j'étais encore incapable de comprendre quoi que ce soit. Il y avait une réalité sentimentale qui m'échappait complètement. C'était au retour des vacances, je venais de quitter S. et j'étais incroyablement malheureux, triste, sans goût à rien. J'essayais de prendre la situation en main, mais je commençais à avoir des insomnies et pendant une semaine je me suis épuisé au boulot. Yves était en vacances mais je suis certain que s'il avait été là j'aurais pu éviter ce délire. Il devait rentrer un dimanche, il a été retardé. Je téléphonais constamment et je tombais toujours sur le répondeur, alors petit à petit s'est greffée en moi l'idée: « Il ne veut pas me recevoir », et ce fut l'occasion de développer cette fichue haine dont j'ai parlé. Le lundi en fin de matinée je n'en pouvais plus et j'ai commencé à délirer. Yves est arrivé le mardi, ma mère l'attendait à l'aéroport, il m'a reçu aussitôt, à 9 heures du soir, au milieu de ses bagages. J'avais revêtu sous ma tenue de ville une tenue de sport afin de pouvoir courir plus vite, car j'avais peur, peur de la police, de l'hôpital...

Ce premier entretien a été une explosion délirante, terrible. Yves était très peiné parce qu'il m'aime beaucoup et cette peine il l'a laissée passer, très fort; c'était, je pense, la seule chose à faire parce que ça me remettait sur le terrain du sentiment et c'était là que j'étais déchiré.

À la seconde séance on a pu parler, parler de S., et les choses se sont vite remises en place.

Je n'ai pas eu besoin d'hospitalisation, j'ai juste pris quelques médicaments donnés par ma mère, afin de me permettre de redescendre plus vite dans la réalité et travailler avec Yves.

Je voudrais préciser que l'analyse c'est une chose, mais que le véritable travail se fait dans la vie de tous les jours. Les rendez-vous de l'analyse sont des carrefours où l'on se repose, où l'on travaille, où l'on prend le temps de regarder ce qui se passe, mais où on ne vit pas les choses.

Donc, pour ma part, c'est dans ma vie de tous les jours que je vois le travail fait. Je le retrouve par exemple dans ma façon de peindre, le plaisir que j'y prends est beaucoup plus authentique, je suis plus libre de mes gestes, je découvre une certaine fantaisie...

Je peux maintenant avoir avec ma mère des discussions qui ne tournent pas à l'orage, je prends vis-à-vis d'elle ma mesure d'adulte.

Au cours de l'analyse, Yves m'a fait prendre conscience à quel point ma façon de croire en Dieu était absurde et à quel point je n'y croyais pas d'ailleurs. Il m'a nettoyé des contenus délirants, et je dirai qu'en fin de parcours, je reviens à la religion avec un intérêt considérable, débarrassé de toutes les scories qui y étaient accrochées. Je ne veux pas dire que ma façon de vivre la religion est la bonne, elle est sans doute insuffisante mais je ne peux pas faire mieux pour l'instant ; je dois attendre que le cœur se réveille. C'est en train de se faire petit à petit.

À ma dernière séance de groupe j'ai raconté et analysé un rêve dans lequel j'étais appelé à une mission sur un bateau qui partait en mission humanitaire. À propos de ce rêve, Yves m'a fait parler de mon désir de devenir analyste. Je dois dire que je n'ai pas les clefs de mon avenir, mais j'ai compris deux choses : la première c'est que l'analyse sur le plan technique et philosophique me passionne, et la seconde c'est qu'elle n'est pas possible sans le cœur. À mon avis, le sentiment est l'élément déterminant de l'efficacité, et moi comme je l'ai dit, j'ai récemment pris conscience que je « n'ai pas de cœur », ou tout au moins il est encore à l'état embryonnaire. Alors je travaille, on verra bien, de toute façon je suis encore jeune.

Si, habituellement, dans la schizophrénie, le patient se replie solitaire sur ses folies intérieures, dans la schizophrénie paranoïde, le patient entend imposer ses visions et ses folies intérieures aux autres et à l'univers.

Nous redisons une nouvelle fois l'importance du rôle de l'entourage du patient dans les pathologies, rôle d'autant plus grand que la pathologie est plus lourde, le patient étant aussi peu capable de discernement que de discipline.

Sans Carina, sa mère qui va donner sa version, il n'y aurait jamais eu de première séance avec Albert, et, en admettant qu'elle ait eu lieu, Albert ne serait jamais revenu voir ce fou, ce gourou, ce clown...

Albert a la lourde charge d'une personnalité aussi riche que discordante. C'est un esprit créatif, doué pour les arts, la philosophie, la religion, la littérature ; ses inspirations religieuses ou esthétiques vont jusqu'à la vision. Il a, de plus, dans tout ce qu'il entreprend, une exigence d'absolu.

La personnalité est brillante et bien difficile à gérer. Albert est nerveux, hyper-émotif, intuitif-introverti, paranoïaque de surcroît ; toutes les conditions sont remplies pour que l'on obtienne un visionnaire exalté, fanatique au besoin, auquel il faut constamment mettre des semelles de plomb.

Pour mémoire : psychiatrie, deux ans sans amélioration

PSYCHIATRIE PSYCHANALYTIQUE

1976 6 mois de psychanalyse
Résultat : arrêt des hospitalisations
entrée dans la vie professionnelle
vie personnelle en constante amélioration

1979 légère rechute maîtrisée en moins de 2 semaines
l'hospitalisation n'a pas été nécessaire
puis 4 ans de développement et de formation

Le coin technique

Fonctions de l'esprit	Intuition introvertie en contact avec l'Inconscient collectif. Pensée introvertie. Sensation forte mais inconsciente. Sentiment aux oubliettes
Introversion Extraversion	vues introverties à surveiller excitation pouvant être violente
Masculin et Féminin	Anima importante, inconsciente et archaïque
Caractère	émotif non-actif } Nerveux Introverti primaire

Carina, mère d'Albert, médecin, 3 enfants (Albert est le nº 1), 54 ans lors de l'interview en 1981

Je suis venue en analyse spécialement parce que mon fils aîné, Albert, avait fait à 18 ans un délire aigu pour lequel je l'ai soigné pendant deux ans. De son troisième séjour en antipsychiatrie, en Angleterre, il est revenu, non pas délirant mais très déprimé, profondément désabusé et malheureux. J'ai donc décidé de voir Yves Dienal pour aider Albert.

J'avais déjà fait une analyse jungienne pendant dix ans. Mon analyste, que j'aimais beaucoup d'ailleurs, était une femme sans enfant qui avait des idées très intellectuelles sur la façon d'éduquer les enfants. Elle ne m'a pas donné de bons conseils pour Albert, ce qui m'a amenée à des comportements complètement aberrants vis-à-vis de lui.

Albert est né lorsque j'avais 30 ans. C'était un enfant superdoué que j'adorais, que j'ai plus que gâté. Je l'ai de plus soustrait à l'autorité de son père qu'il supportait très mal. Et au moment de mon divorce j'en ai fait mon confident...

À cette époque, il s'est produit un incident très grave pour lui : son père a refusé de le recevoir alors qu'il recevait sa petite sœur. Je n'ai pas su banaliser la chose et, à Pâques, il s'est mis à délirer.

Pour moi ce fut épouvantable, le ciel s'effondrait.

Il y a eu alors deux années pendant lesquelles il a été soigné en psychiatrie et en antipsychiatrie, en Angleterre.

Les résultats obtenus en antipsychiatrie furent étonnants. Il y avait miracle, mais rechute aussitôt après parce qu'il revenait sans aucune structuration.

Lorsque je parlais avec les psychiatres c'était toujours : « C'est vous la fautive, retirez-vous, vous êtes malade. » C'est vrai, j'étais un élément pathogène, mais je savais aussi que j'étais pour Albert ce qu'il avait de plus solide, j'étais son secours. J'étais prête à tout pour l'aider, mais tout cela ne faisait que malheur sur malheur et ne permettait pas à Albert de s'en tirer, j'étais donc prête à me retirer.

En juin 1978 j'ai décidé de participer à un groupe. Arrivée en retard, je me suis trouvée d'emblée sur la sellette. En général j'ai beaucoup de mal à ne pas laisser paraître mes émotions, mais là, je me suis efforcée de parler d'Albert comme de quelqu'un de tout à fait extérieur à moi, de parler de ses délires de manière technique, clinique, comme peut le faire un praticien.

Yves ne fut pas dupe car il avait perçu, avant tout, la profondeur de l'amour que j'avais pour Albert et il a dit: « Vous voyez, cette mère, elle est prête à tout pour son fils. » Là, j'ai vraiment été soufflée.

Ce fut donc le premier contact. Les vacances se sont passées et j'ai repris en septembre. Séance après séance je parlais d'Albert, de mes inquiétudes à son sujet ; à cette époque-là il faisait des rêves vraiment prédélirants, dans lesquels il s'envolait. Yves me disait sans arrêt: « Cesse de parler de ton fils, parle-moi de toi. » Si j'insistais il me disait: « Tu n'as qu'à l'amener. » Mais j'étais sa mère et je ne m'en sentais pas le droit, la démarche devait venir de lui.

Et puis, en novembre, nouveau délire, nouvelle hospitalisation... Alors je l'ai traîné chez Yves. Il est sorti vingt minutes plus tard fou furieux en hurlant: « Ce type est un fou, c'est un pitre. Il m'a dit que si je ne travaillais pas avec lui je deviendrais un excellent sujet d'observation pour tous les psychiatres de France et de Navarre... » J'ai stimulé son orgueil en lui disant: « Et si tu le prenais au mot, si tu essayais. » Et c'est ainsi qu'il a démarré.

À chacune de mes séances je me faisait « secouer » parce que je m'inquiétais pour Albert. Mais, petit à petit, j'ai réussi à me rassurer et c'est ce dont il avait besoin. Par la suite, il a toujours exigé cette sécurité de ma part.

Voilà donc quel a été mon premier travail : apprendre à ne pas m'affoler, faire le joint entre ma Persona, c'est-à-dire mon apparence sociale, qui était solide, tranquille... et mon Moi intérieur, inquiet et dans le désarroi le plus complet.

À cinq ans, ma grand-mère m'avait dit: « Toi tu n'as pas de cœur, tu n'en auras jamais. » Toute ma vie était donc tournée vers un objectif : être celle qui a du cœur. Il fallait que « j'aie du cœur » avec tout ce que cela entraîne : quelqu'un qui ne fait de mal à personne, qui ne fait pas de peine aux autres, qui ne les juge pas. Par contre il se juge lui-même comme sans cœur s'il ne fait pas telle ou telle chose. J'ai vite réalisé en analyse que j'avais ce cœur après lequel je courais.

Ce que je trouve de tout à fait remarquable dans le travail de groupe, c'est que ce n'est pas informel. Auparavant, pour ma formation, j'avais fait un peu de thérapie de groupe. J'avais trouvé ça très déroutant, désaxant, déstructurant même. En sortant on se mettait à gamberger sur tout ce qui s'était dit. Ici, au contraire, on peut, à la limite, ne plus y repenser jusqu'à la fois suivante. On s'intéresse aux autres, de façon technique bien sûr, mais cela va plus loin, il s'y établit des relations affectives très fortes et pas seulement momentanées. J'y assiste depuis quatre ans mais il y a longtemps que je sais que je pourrais interrompre. Je continue et j'y affronte, volontairement, les problèmes qui me gênent le plus.

Ce que j'ai appris m'a paru tellement utile que j'ai organisé de petits cours à l'usage de mes patients. Alors que je ne faisais que répéter ce que j'avais entendu, l'un d'eux m'a dit un an plus tard : « Ce que vous avez expliqué a complètement changé ma vie. »

La vie psychologique est impalpable. Un psychiatre lui dit : « Vous êtes malade, retirez-vous. » Elle vient en analyse et, de « maléfique », Carina devient « bénéfique » pour Albert.

JEAN-BAPTISTE

Une schizophrénie philosophique

Étudiant en philosophie, célibataire, 25 ans lors de l'interview en 1981

PSYCHIATRIE

de 1972 à 1977 : de 16 à 21 ans (cinq ans)

1972-1977	évolution des troubles schizoïdes	
1972	assume de plus en plus difficilement ses études commence à ne plus sortir	
1973	s'isole s'ennuie, ne s'intéresse à rien état dépressif permanent toute activité devient impossible	
1976	service militaire - réformé pour causes psychologiques état dépressif constant angoisses chroniques somatisations hallucinations consulte 2 psychiatres	
	Traitement :	chimiothérapie
	Résultat :	pas d'amélioration
1977	*Traitement :*	acupuncture et homéopathie
	Résultat :	les obsessions de mort apparaissent

J'ai trois ans et demi d'analyse derrière moi qui se décomposent en dix-huit séances de groupe par an, soit cinquante-quatre en tout et un nombre très restreint de séances individuelles.

J'avais, autrefois, des angoisses terribles. Quand j'étais dans la rue, j'avais du mal à m'accrocher aux choses, aux gens et à tout ce que je voyais. Je percevais les choses comme elles étaient mais je n'arrivais pas à maintenir un contact avec elles. Quand je rentrais chez moi, ce n'était pas mieux. J'avais des angoisses, comme dans la rue.

J'avais également des moments de dépression. Je pouvais rester une journée entière chez moi, à traîner dans mon lit, sans aucun goût. Je dois préciser que quand j'étais déprimé je n'avais pas d'angoisses ; quand j'étais angoissé, je n'étais pas déprimé. Il y avait les deux, mais pas ensemble.

Et puis il y avait aussi les obsessions de mort.

La plus fréquente était l'idée que je pouvais tuer quelqu'un comme ça, sans raison. Quand je passais sur un pont je me disais que je pouvais me jeter du haut du pont, alors je m'arrangeais pour ne pas rester trop près du bord.

Par deux fois, dans le train j'avais eu des troubles de la vision. La première fois, je voyais la banquette qui se trouvait en face de moi s'approcher de moi, la seconde fois c'était le paysage qui s'approchait. Les deux incidents, distants d'un an environ, ont duré entre trente secondes et une minute. Je me souviens aussi qu'enfant, lorsque j'étais en classe, il m'est arrivé de voir ma mère s'approcher de moi en marchant sur le toit de l'école.

Yves a considéré ces troubles comme graves car c'étaient des troubles du contact sensoriel avec le réel, plus concrètement, des débuts d'hallucinations. Moi, je n'y attachais pas une grande importance.

Jusqu'à mon baccalauréat j'arrivais à travailler. Je choisis pour la suite des études de philosophie, mais petit à petit, je n'avais plus envie de faire quoi que ce soit. Je venais en retard aux cours alors qu'ils m'intéressaient et que je les avais choisis. Certains jours, monter un étage me demandait un effort surhumain et le lendemain je montais quatre étages sans fatigue.

Je me dégradais progressivement. J'étais vraiment dans le brouillard. Durant plusieurs mois, je suis resté dans ce brouillard.

J'allais à mes séances mais je ne savais pas si je faisais bien. Je ne comprenais pas l'enjeu, je ne voyais pas l'intérêt. Dans ce brouillard, je devais tout de même piger quelque chose puisque je revenais.

Au début de mon analyse, mon idée était la suivante : « Dans une vraie analyse, il y a transfert ; ici il n'y en a pas, alors je vais d'abord aller chez lui parce que j'ai pas beaucoup de sous et c'est moins cher que trois ou quatre séances par semaine, puis quand je serai amélioré, j'irai chez un "vrai psychanalyste" (rire de J.-B.). »

Au départ, Yves était mon « psychanalyste provisoire », c'était mon tremplin vers la « vraie psychanalyse ».

Il devait jouer le rôle des médicaments, mais ne permettait pas le développement psychologique... Il pratiquait une psychiatrie par mode psychologique uniquement pour les troubles.

Rapidement, mon opinion a changé, je n'ai pas eu besoin de transfert, mais c'était mon idée au départ.

Pendant mes séances je parlais tout le temps, je n'avais aucune réceptivité, je voulais accumuler les renseignements, et, autant que je me souvienne, j'était submergé par les émotions. Une fois, j'avais fait un cauchemar, j'arrive chez Yves et lui dis : « Tu sais, j'ai fait un cauchemar abominable et j'étais vraiment mal ce matin en me réveillant, mais ce qui m'intéresse c'est pas tant mon cauchemar que l'émotion que j'en ai eue. »

J'étais donc absolument débordé par les émotions, sans réceptivité, ou, tout au moins, une réceptivité très étroite.

La première fois que j'ai vraiment perçu un progrès c'était pendant les grandes vacances 1978. J'étais allé, sur les injonctions d'Yves, dans un club de vacances. Je rencontre un monsieur très sympathique, un hôtelier qui attachait une importance considérable aux émotions, et pratiquement aucune aux événements réels, ce qui était mon cas et je me vois lui dire : « Mais enfin, monsieur, tout cela ce sont des émotions, les émotions sont des idées démesurées par rapport aux événements réels. »

C'est comme ça que j'ai eu conscience du travail déjà fait. J'ai eu conscience de ce travail en ayant moi-même à le faire sur quelqu'un. La première année de mon analyse, j'ai appris à avoir un bon contact avec la réalité, avec le monde extérieur, à voir objectivement les phénomènes, et pas seulement la résonance émotionnelle. À l'époque j'avais des émotions épouvantables, vraiment épouvantables.

Je ne pouvais plus avoir de contacts avec personne, maintenant je me fais des amis partout. Je constate que les gens m'aiment bien.

Je ne me suis pas senti mieux du jour au lendemain et le travail d'évolution s'est fait peu à peu. D'ailleurs je ne pense pas que l'on puisse faire une distinction entre le développement de la personnalité et la thérapie.

Un travail d'analyse suivant la psychiatrie psychanalytique, on peut le poursuivre toute sa vie, sans relation de dépendance. Les « problèmes » résolus, on y trouve un développement.

J'ai commencé à faire du sport pour développer ma sensation du réel et la conscience de mon corps, après sept à huit mois d'analyse. Je fais du cross et je vais à la piscine. Je ne me défends pas mal d'ailleurs. J'ai appris à nager tout seul, même le crawl, et je suis plutôt dans les plus rapides.

La psychiatrie psychanalytique donne beaucoup d'importance à tout ce qui n'est pas la psychanalyse et notamment à la pratique des sports. L'analyse n'est qu'un moyen pour apprendre la vie et la vivre bien.

Pour moi, au début les groupes m'embêtaient un peu ; en bon introverti, je préférais les séances individuelles. Avoir quelqu'un qui s'occupait de moi, de façon exclusive, ça me faisait plaisir. Peu à peu j'y ai appris à ne plus avoir quelqu'un à ma complète disposition, ce qui m'a obligé à « grandir », à m'intéresser aux autres ; c'était tout à fait nouveau pour moi, mais ça me paraissait agréable. L'affection et l'amitié y sont très authentiques.

Yves n'a pas été du tout le « gourou » que je croyais trouver. Celui-ci tend à mouler indifféremment ses disciples dans une connaissance unique qui est LA vérité. Les travaux de Yves et Madeleine visent à amener chacun à la connaissance particulière de lui-même, différente de celle des autres, chaque personnalité étant unique et originale. Comme l'a si bien résumé une patiente à un nouveau venu dans un groupe : « *Le gourou tend à uniformiser, et nous, ici, nous cherchons à individualiser.* »

Si je résume : au départ, il n'y avait pas seulement des troubles, mais un délabrement total de la personnalité, ou plutôt, un défaut de structuration de la personnalité. Quand je suis allé en analyse j'étais au bord de la psychose.

Cet entretien avec Michelle Charraudeau a eu lieu en 1981. En 1983, Jean-Baptiste dit :

« Aujourd'hui, cinq ans après le début de mon traitement, toutes mes angoisses, tous mes tourments intérieurs ont disparu. La disparition de ces tourments me permet maintenant une vie plus épanouie, plus agréable, plus axée vers le plaisir. C'est ainsi que j'ai pu élargir mes relations amicales, ma culture, mes loisirs (sports, sorties, vacances...) et j'en profite pleinement. »

Nous allons compléter le regard de Jean-Baptiste sur son évolution par notre propre regard.

Nos connaissances techniques nous permettaient, au départ, de faire un bilan. Jean-Baptiste était très intellectuel, peu émotif et, paradoxalement, très perturbé par des émotions qui, elles, n'avaient rien d'intellectuel.

Il est constant que des gens peu émotifs soient très gênés et même perturbés par des réactions qui leur sont peu habituelles et qu'ils connaissent mal.

Jean-Baptiste a clairement exprimé, tout au long de son exposé, le développement de ses sentiments pour autrui et ses émotions perturbantes au point d'être ressenties sous forme d'« angoisses intolérables ». Elles étaient tout simplement les manifestations, l'expression, pourrait-on dire, de ses sentiments non développés et restés inconscients. Et l'on

a pu voir ceux-ci, douleurs et angoisses au départ, lorsqu'ils étaient inconscients, se transformer en plaisir au fur et à mesure qu'ils devenaient conscients.

Cette transformation est un élément charnière de nos travaux : les *structures de notre personnalité, lorsqu'elles sont conscientes sont des outils, et ces mêmes structures restées inconscientes sont des tourments.*

Tout le traitement de Jean-Baptiste a visé à le mettre au contact du monde extérieur et à le faire passer de la contemplation philosophique à l'action.

Rien n'illustrera mieux les tendances naturelles de Jean-Baptiste que l'anecdote suivante. Alors que l'on demandait dans un groupe : Que feriez-vous s'il vous restait trois heures à vivre ?, l'un répondit : « Une grande bouffe puis faire l'amour », et Jean-Baptiste dit sans hésiter : « Je commencerais un traité philosophique sur ce qu'on peut faire s'il reste trois heures à vivre. »

Après un peu plus d'une année d'analyse, Jean-Baptiste, fort de son expérience personnelle et de nos connaissances, se révélait compétent et efficace pour commencer des débuts de traitement de schizophrènes. Sa véritable vocation ne sera pourtant pas la psychanalyse, mais la vocation religieuse, une voie que nous ne lui avons pas suggérée.

En 1986, il a choisi une vie monacale dans laquelle il trouve son accomplissement.

Huit ans plus tôt, il aurait sans doute connu une vocation asilaire.

Pour mémoire : situation pathologique, cinq ans

PSYCHIATRIE PSYCHANALYTIQUE

Après sept à huit mois de psychanalyse, soit 15 séances de groupe, reprend une vie normale.

Le coin technique

Fonctions de l'esprit	Seule la pensée est consciente. Les 3 autres fonctions sont potentiellement satisfaisantes mais inconscientes.
Introversion	très importante
Extraversion	sous-développée, à développer.
Masculin Féminin	Virilité sous-développée et inconsciente. Anima importante et inconsciente.
Caractère	non-émotif, non-actif, secondaire } Flegmatique tempéré

RENÉ MASSIOS

Dépression

une guérison exemplaire

Célibataire, cadre supérieur, 56 ans lors de l'interview en 1981

PSYCHIATRIE

de 1972 à 1977 : de 47 à 52 ans (cinq ans)

1972 début de dépression
1re hospitalisation - 1 mois
Traitement : piqûres
perfusions
chimiothérapie
Résultat : retour au domicile un samedi matin
samedi midi : mal à l'aise
samedi soir : forte angoisse
dimanche : journée passée enfermé dans sa chambre à pleurer
lundi matin : supplie qu'on le ramène à la clinique

2e hospitalisation
Traitement : antidépresseurs
calmants
Résultat : pas d'amélioration

1977 en a assez de vivre si douloureusement
démissionne de tout
décide d'en finir « pour de bon » avec la vie
Tentative de suicide très grave - se retrouve en réanimation.

En 1972, je me sentais angoissé de temps en temps, j'avais peur. Je me disais : « Une bonne nuit là-dessus et ça ira mieux demain. »

Le 16 juillet je me suis réveillé terriblement angoissé, très mal. Cette angoisse ne devait plus me quitter pendant cinq ans.

Avec cette volonté qui est la mienne, je me suis soigné, je suis allé voir tous les médecins, j'ai fait tout ce qui était en mon pouvoir.

Pendant cinq ans j'ai vécu un véritable enfer et puis j'ai réalisé qu'il n'y avait rien à faire...

En clinique psychiatrique, on m'a fait perfusions, piqûres et la suite... Je m'y plaisais assez ; je me retrouvais dans un monde clos, les autres me soignaient, je n'avais qu'à rester au lit, j'étais abruti par les drogues, ça allait.

Après un mois passé à la clinique, j'ai cru que j'étais guéri, je me sentais bien. Je suis sorti un samedi matin, tout content. Le samedi à midi, je n'étais déjà pas à mon aise ; le samedi après-midi, je suis allé faire des courses ; le samedi soir, c'était épouvantable ; le dimanche, je le passais dans mon lit à pleurer ; le lundi matin, je suppliais qu'on me ramène d'urgence à la clinique. Voilà ma première « guérison ». Ça s'est passé de la même manière durant cinq années.

J'ai alors décidé d'en finir et, pour cela, j'ai commencé à stocker des médicaments. Un soir, je me suis senti plus déprimé que d'habitude. Je me disais : « Demain il va falloir se lever..., demain il va falloir reprendre la vie... demain... demain... » Alors je suis allé dans la salle de bains, j'ai pris mes médicaments et je me suis couché.

J'ai été dans le coma pendant plusieurs jours. Ce suicide, je l'ai préparé longtemps et je suis passé à l'acte quand j'ai vu que plus rien n'était possible, que la vie était tellement abominable... Seuls ceux qui ont eu une dépression nerveuse et qui me liront peuvent savoir ce que c'est, parce que je me rends compte que ceux qui n'ont pas vécu cette expérience ne savent absolument pas ce que c'est ; même les plus grands psychanalystes ne savent pas le grand désespoir dans lequel on est plongé.

Je ne pouvais plus... je ne voulais plus... Le suicide pour moi, ça a été m'endormir, ça a été quitter ce monde d'horreur, d'affolement et d'angoisse. Quand j'ai pris ces cachets, je me suis couché et je me suis senti bien parce que je me suis dit : « Enfin, je vais pouvoir dormir et ne plus me réveiller. » Se réveiller, c'était atroce, c'était reprendre cette horreur, c'était abominable.

Je me suis réveillé à l'hôpital Saint-Antoine. Après quinze jours au service des urgences, on m'a « remis à la rue ». J'étais toujours dans le même état. Cinq jours plus tard, j'allais dans une autre clinique.

Pendant ces cinq ans, j'ai vécu complètement replié sur moi-même, coupé des autres. Je ne voulais voir personne. Amateur d'art, j'ai continué pendant un temps à voyager et à visiter des musées, mais je ne m'intéressais pas aux autres.

Les samedis et dimanches je restais enfermé chez moi, au lit, rideaux baissés, avec une seule idée, dormir, dormir...

Au bureau j'ai pu cacher mon état pendant un certain temps, mais le travail devenait un enfer, jusqu'à ce qu'il devienne une impossibilité. Un jour où j'étais appuyé à mon bureau à pleurer, on m'a renvoyé chez moi. C'était le dernier stade, celui où je démissionnais vis-à-vis des autres, où je ne dirigeais plus mon énergie.

Lors de ma dernière hospitalisation, un ami médecin, lui-même en analyse, m'a parlé des groupes, des conférences. Pour moi, le groupe c'était l'horreur, j'avais déjà bien du mal à m'exprimer devant une seule personne.

Je comprenais pourtant que, si je ne faisais rien, je recommencerais et que, cette fois, je ne raterais pas mon coup. J'y suis allé mais sans espoir et bien décidé à recommencer, la vie était trop odieuse, trop abominable.

Lorsqu'il m'a vu, Yves m'a dit : « Ce que vous avez est très simple. Vous guérirez très facilement, je suis prêt à parier que dans trois à quatre mois vous serez déjà bien. »

J'ai souri, sans y croire. Cela me semblait tellement

merveilleux. Je me disais : « Il ne se rend pas compte à quel point je suis mal, à quel point mon mal est incurable. »

J'ai participé au dernier groupe, avant les vacances de 1977. J'étais terrorisé, j'ai répondu pourtant aussi franchement que j'ai pu. Je suis sorti de là, non pas guéri, mais avec un degré en plus. J'avais vécu quelque chose qui me permettait de reprendre espoir, ce qui fait que je n'avais déjà plus l'idée de mourir. J'étais mal, très mal, mais on m'avait mis une « petite béquille » qui m'a permis de passer les vacances sans trop de mal.

En septembre j'ai repris des séances individuelles et j'ai participé aux groupes.

Trois mois plus tard, je pouvais espacer les séances.

Pendant les trois premiers mois chez Yves, les progrès ont été foudroyants. J'en prenais conscience à mille et une petite choses que je faisais de façon tout à fait naturelle, et cette fois, ça tenait.

En décembre 1978, j'assistais à la première conférence d'Yves. Dans celle-ci, il définissait les cinq critères de la « santé mentale ». Je prenais des notes et faisais mon petit calcul. Conclusion, je me trouvais dans la bonne moyenne.

En décembre 1979, je refis ma petite opération et je réalisai que j'étais en pleine forme, heureux de vivre. Je conservais ma personnalité mais, au lieu de la tourner vers la pathologie, je la tournais vers la vie.

Paradoxalement, j'ai été déçu de voir la facilité avec laquelle Yves et Madeleine m'ont sorti d'une maladie que je considérais comme la pire. Il y avait un décalage considérable entre tout ce que j'avais souffert et la rapidité de ma guérison, si bien que je n'étais même plus fier de ma maladie.

J'ajouterai, à l'intention de ceux qui voudraient faire une telle analyse, qu'on m'a soigné et que je « me » suis guéri, car pour qu'il y ait guérison il faut un travail personnel du patient, il doit compter sur lui-même.

Regard technique de René Massios sur son cas

Il faut rappeler les conceptions d'Yves et Madeleine sur la psychanalyse. On a tendance à la considérer comme un exercice relatif à la pathologie que l'on arrête dès que l'on est guéri, en cessant d'y penser. L'analyse, c'est un développement de la personne, exactement comme la gymnastique ou le sport, comme la natation que je pratique deux fois par semaine parce que c'est bon pour mon corps, ça me fait du bien. Donc je continue l'analyse, non pas sur un plan thérapeutique mais sur un plan humain, sur un plan de développement et c'est un plaisir. La partie médicale a duré six mois, huit mois, mais c'est tout.

Je n'ai pas eu dans mon enfance de troubles affectifs, sinon les petits malheurs de tout enfant. Je suis un homme assez froid de tempérament, et ce qui me remuait, ça m'ennuyait vraiment, ça m'ennuyait, je n'étais pas à mon aise, pas à mon aise dans les cris, pas à mon aise dans le bruit. Toute ma vie, ce qui me dérangeait je l'ai chassé, et j'ai chassé ce qui me mettait le plus en émoi, c'est-à-dire l'amour, l'amitié, l'affection. Cela, je l'avais balayé volontairement de ma vie. J'étais mieux dans le calme, à l'abri des émois.

Au bout de quarante ans de vie, comme un homme qui ne développerait pas une jambe, j'ai perdu l'équilibre, je me suis écroulé, c'est tout.

Quel a été le travail? Revitaliser ma jambe en la faisant travailler. Et puis, maintenant, comme je sais que j'ai cette jambe un peu faible, je continue à la faire travailler.

La jambe un peu faible, c'est bien évidemment tout ce qui me dérange émotionnellement, en particulier tout ce qui a trait au sentiment affectif.

Je voudrais dire un mot sur les médicaments. Pour moi qui suis de nature calme, tout le travail d'analyse a visé à activer mon affectivité et mon émotivité, et les médicaments faisaient un travail exactement contraire, ils me refroidissaient, ils me glaçaient, ils me rendaient malade.

Aujourd'hui, je me revois en train de me suicider, c'était un acte logique dans la suite de ma dégradation et je n'ai pas honte. Quand on est enrhumé, on éternue, quand on est déprimé, on fuit ; il n'y a plus que ce moyen, c'est le seul.

Je suis content de n'avoir pas réussi...

Peu de choses à ajouter à l'exposé magistral de René sur la souffrance de l'esprit et la simplicité des bases de sa guérison.

S'il était malade parce qu'il n'était qu'intellectuel, ce sont ses vertus intellectuelles qui lui ont permis de comprendre ce que nous lui expliquions et qu'il explique, ici, si bien.

René est en retraite... active et prend beaucoup de plaisir là où il trouve des émotions : cinéma, théâtre, opéra, activités artistiques diverses, sport. Il est comblé par sa vie affective, sentimentale et amicale. « Je ne peux plus me passer d'émotions, sans elles je m'ennuie », disait-il récemment.

Alors que quelqu'un lui demandait des preuves de sa guérison, il a simplement répondu : « Avant je coupais le téléphone pour ne parler à personne, maintenant j'ai fait rallonger le fil jusqu'à mon lit pour pouvoir, même la nuit, appeler et répondre. »

Jean-Baptiste et René étaient deux intellectuels perturbés par les émotions affectives, cas identiques, direz-vous, mais comment se fait-il alors que l'un entre dans la schizophrénie, et l'autre dans la dépression ?

On peut creuser leur histoire, tenter de soulever des complexes d'Œdipe ou autre, on ne trouvera pas de réponse. Elles sont dans la connaissance des caractères. René est actif et toute activité se fait en relation avec l'extérieur, alors que Jean-Baptiste est contemplatif de ce qu'il pense à l'intérieur de lui-même, et toute action lui semble sans objet.

René a introduit les effets des médicaments calmants sur une personnalité calme, ce qui nous amène à distinguer les effets immédiats et les effets profonds des tranquillisants.

Leur effet immédiat, dans la plupart des cas, est de calmer les angoisses. Mais calmer est une chose et les comprendre pour les guérir en est une autre. Faute de connaître l'origine de ses angoisses et de pouvoir les résoudre, René avait trouvé un moyen infaillible de les calmer... définitivement... tout au moins dans cette vie.

Comme le voyant rouge qui s'allume sur le tableau de bord d'une voiture, *une angoisse est le signe que quelque chose fonctionne mal dans la vie de l'esprit.*

L'angoisse n'est pas une maladie, c'est un signal d'alarme, et étouffer l'angoisse sans avoir découvert la cause déclenchante est aussi insensé que d'étouffer une signal d'alarme sans avoir détecté l'incendie.

L'état d'angoisse permanent « abominable » de René ne pouvait pas s'expliquer par l'histoire de sa vie, en tous points réussie. Il ne se comprenait, et la guérison l'a prouvé, que par un fonctionnement insuffisant de la vie affective et émotionnelle.

Ce n'est pas dans la seule histoire du patient que nous recherchons l'origine de ses maux, mais surtout dans les défaillances de la machinerie qu'est l'esprit ou, si l'on préfère, dans les défaillances de certains éléments de la personnalité.

Pour mémoire : psychiatrie, 5 ans

PSYCHIATRIE PSYCHANALYTIQUE

Septembre à décembre 1977 — 3 mois de psychanalyse
Résultat : arrêt des médicaments
fin des hospitalisations
vie intellectuelle, professionnelle, affective parfaitement réussies

Poursuit l'analyse par intérêt, pour un plus grand développement de sa personnalité et un approfondissement des connaissances psychologiques

Le coin technique

Fonctions de l'esprit	Une Pensée très dominante avait voulu se substituer aux 3 autres fonctions et les éliminer.
Introversion et Extraversion	bien équilibrées avec prédominance de l'Introversion
Masculin et Féminin	Anima importante mais enfantine
Caractère	non-émotif, actif, secondaire } Flegmatique

JOSEPH

Une schizophrénie universitaire

ou comment déraille un bon élève

22 ans, célibataire, étudiant

PSYCHIATRIE

de 1980 à 1982 : de 20 à 22 ans (deux ans)

Diagnostic : schizophrénie

Juillet 1980 : échec à l'examen d'entrée dans une grande école

repli sur soi
n'a plus de goût à rien
n'assiste plus à ses cours
ne veut voir personne
ne veut plus sortir

consulte un psychiatre

Traitement antidépresseurs, neuroleptiques
Résultat pas d'amélioration
se sent de plus en plus mal
tentative de suicide

hospitalisation — 3 semaines

Traitement perfusions
antidépresseurs et neuroleptiques
Résultat délires

Septembre 1980 : retour en faculté puis abandon

Symptômes se sent toujours très mal
reste seul, sans contact avec les autres
contraint par ses parents, entreprend une analyse orthodoxe ; incapable de discipline, abandonne après quelques séances

1981 : une consultation par semaine chez un psychiatre

Traitement le même qu'à l'hôpital
Résultat aucun

Joseph illustre une de ces défaillances, peut-être la plus mal comprise, ou plutôt la plus mal connue, celles des personnalités peu émotives, peu enclines à l'action et fortement intériorisées, personnalités passives, dit le langage courant, et dont la tendance naturelle peut devenir *inertie* s'il y a laisser-aller sans contrôle. Cet état d'inertie peut s'étendre à toutes les facultés de l'esprit et devenir une pathologie qui se signale, en particulier, par des angoisses, et aussi par des propos délirants et incohérents (l'esprit n'est plus capable de coordonner ses idées) que l'on va calmer avec des tranquillisants qui vont accroître l'inertie jusqu'à la panne totale, enlevant toute conscience, ou presque, au sujet.

Lorsque Joseph vint nous voir la première fois, c'était un garçon à peu près normal, mais lent, mou, intériorisé, beaucoup trop à mon gré, ce que je lui expliquai sans parvenir à le convaincre. C'est sur une demande urgente de ses parents qu'il revint la deuxième fois, un mois plus tard. Il participa à un groupe. Nous avions devant nous un garçon immobile, hébété, absent, incapable de répondre aux questions les plus simples ; son quotient intellectuel résiduel était celui d'un débile profond et son faciès exprimait une sorte d'imbécillité.

Ayant une grande expérience des ralentissements de l'esprit, tout autant que de sa dynamisation d'ailleurs, nous lui posions des questions de façon systématique pour le réactiver. Après trois séances de groupe, nous disons bien trois, il était redevenu apparemment normal.

La pathologie de Joseph, ou sa schizophrénie, est typique de l'évolution possible des personnalités naturellement peu actives, peu émotives et fortement intériorisées, passives, avons-nous dit.

Jusqu'aux premiers incidents, son dynamisme a été entraîné tout à la fois par les milieux familial, scolaire et universitaire. Il suit docilement et sans difficulté les études qu'on lui propose, sans projet d'avenir. Il n'a ni amis ni amies ; ses distractions sont celles de ses parents ; il ne dirige pas sa vie, il suit ses études comme il suit ses parents.

Placé devant une première difficulté (son échec à une grande école), il n'a plus rien à suivre, il n'a plus de tracteur pour le remorquer. Le groupe est un tracteur-moteur-animateur qui le remet sur les rails de nouvelles habitudes : études, sport et distractions avec des amis.

En trois mois, Joseph, comme Gilbert, est « apparemment » guéri. Il persévère un an et, contre notre avis, s'arrête, tout allant bien au gré de sa famille qui ne voit pas la nécessité de poursuivre.

Bien sûr, comme Gilbert, il a rechuté. Mais, au lieu de reprendre un travail psychologique, il est aujourd'hui malade psychiatrisé, fréquemment hospitalisé.

PSYCHIATRIE PSYCHANALYTIQUE

Janvier 1982 : après deux mois de psychanalyse,
arrêt des médicaments sur avis médical
reprise des études
mène une vie normale

Après un an : se sent bien ; arrête son traitement psychologique et rechute

Le coin technique

Fonctions de l'esprit	Sensation dominante, introvertie, passive. Pensée passive de type scolaire, mais activée par la scolarité. Sentiment et Intuition archaïques.
Introversion	unilatérale
Extraversion	atrophiée
Masculin et Féminin	informes
Caractère	non-émotif non-actif secondaire } Apathique La passivité est considérable parce que aucune initiative sur aucune fonction

Névrose et psychose

Nous voudrions établir ici une différence fondamentale entre une névrose et une psychose.

Une névrose est, suivant notre définition, *une organisation psychologique qui nous éloigne des conditions du bonheur et du bien-être.* Le bonheur et le bien-être parfaits n'étant pas de ce monde, nous sommes tous plus ou moins névrosés, ou des tout petits ou des grands névrosés. Mais, *dans la névrose, nous sommes conscients de nous-mêmes et de notre malheur...* comme René ; plus sa névrose augmentait, plus il la ressentait.

Dans *la psychose, le patient perd le contact sensoriel avec la réalité ; il voit, entend, sent, ressent, imagine ce qui n'existe pas* (hallucinations) *et peut ne pas voir, ni entendre, ni sentir, ni ressentir, ni comprendre ce qui existe. Il perd, de plus, totalement la conscience de sa dégradation.*

L'esprit, lorsqu'il est réactivé — comme c'est le cas pour Joseph et son inertie —, n'a pas conscience de ce qui se passait dans son état d'inertie et, dans son état d'inertie, il perd la conscience de tout.

Ce type de problème qu'est l'inertie ou la tendance à l'inertie vaut que l'on y réfléchisse puisqu'il réussit à fournir le plus fort contingent des « chroniques de la psychiatrie », ceux que nous appelons les « fonctionnaires des établissements psychiatriques ».

Ces sujets, ayant perdu la conscience d'eux-mêmes et leur autodétermination, se laissent entraîner tout naturellement dans l'assistance que leur offrent les établissements psychiatriques.

Pour la science médicale, ces pathologies sont considérées

comme des maladies à origine organique dont on espère chaque jour découvrir la véritable origine.

Dans certains cas, la continuité du développement psychologique entraîne une maîtrise définitive de la conscience ; dans d'autres cas, certains patients semblent ne jamais parvenir à cette maîtrise et justifient un petit traitement psychologique d'entretien.

Voici Marie qui l'explique elle-même très bien.

MARIE

Manie dépressive

Une guérison train-train

Mariée, 4 enfants, jamais travaillé, 61 ans lors de l'interview en 1983

PSYCHIATRIE

de 1960 à 1976 : de 38 à 54 ans (seize ans)

Diagnostic manie dépressive

Traitement hospitalisée en moyenne une fois par an

Résultat les crises se rapprochent, les hospitalisations aussi.

Après chacune d'elles, la patiente passe environ trois mois dans un état de profonde dépression, elle se meurt de désespoir, se traîne des journées entières dans un fauteuil et répète sans arrêt : « Je n'ai de goût à rien. » Cela est le résultat, bien sûr, des fortes doses de chimie. Elle se souvient même que, lors d'un de ses séjours en établissement psychiatrique, elle marchait à quatre pattes parce qu'elle ne pouvait plus se tenir debout.

Cela pendant seize ans.

J'ai eu ma première crise à l'âge de 20 ans. Cette crise est restée isolée.

C'est à l'âge de 44 ans que les choses se sont aggravées. Ma dernière fille rentrait à l'école et je me suis retrouvée seule et désœuvrée à la maison : je m'ennuyais, je n'avais goût à rien, je « déprimais ».

Je suis allée consulter un psychiatre qui m'a donné une pilule merveilleuse : j'étais folle de joie, je nageais dans le bonheur, je ne dormais plus, j'écrivais toute la nuit, c'était très drôle ! (tout au moins je le pensais à ce moment-là). Le médecin n'était pas de mon avis et il m'a fait hospitaliser. Là, on a calmé la crise d'excitation, mais vraiment bien calmé... Je suis revenue à la maison très très déprimée. Je me disais : « Vraiment je suis bien avancée ! » et je n'avais plus confiance en personne.

Ces crises qui se renouvelaient régulièrement deux ou trois fois par an m'ont valu quatorze hospitalisations.

Les crises d'excitation commençaient, et en général je me faisais « ramasser » par Police-secours quand je poursuivais mon cirque dans la rue et haranguais les passants.

On me conduisait à l'hôpital et j'en sortais en état de profonde prostration.

Ça a duré pendant quinze années.

Sur les conseils de mon médecin, je suis donc allée voir Yves Dienal et j'ai tout de suite été séduite par son bon sens. Mais très vite j'ai dû arrêter parce que mon mari n'était pas d'accord et préférait que je retourne en psychiatrie.

J'ai, à partir de ce moment-là, traversé une longue période pendant laquelle c'était soit la crise d'excitation, soit la dépression qui n'en finissait plus. Je n'avais pas de moments bien.

Lorsque j'ai arrêté l'analyse, Madeleine m'a dit : « Si ça ne va pas, téléphone-moi. » Pendant plusieurs années j'ai téléphoné très souvent. Quand j'étais en crise, j'appelais quatre ou cinq fois par jour et pour moi la journée commençait à 3 heures du matin, pour elle aussi hélas ! C'est moi qui ai obligé les Dienal à acheter leur premier répondeur téléphonique.

Ce que Madeleine m'apportait par téléphone, c'étaient l'espoir et l'affection. Personne dans ma famille ne me comprenait mais j'avais au moins une amie. Quand on est déprimé c'est tellement important !

En 1974, mon mari décidait de me donner de l'argent de poche ; aussitôt je m'inscrivais à un groupe.

Les séances individuelles n'avaient pas très bien marché parce que je ne voyais que moi et je pensais être la seule malheureuse, la seule à avoir des difficultés, je ne voulais pas me comparer aux autres. Conséquence : je rejetais tout ce qu'on me disait.

Lorsque j'ai repris en 1974, non seulement je participais à mon groupe mais j'assistais souvent à d'autres. Pendant les groupes je sortais de ma coquille pour écouter les autres.

J'assistais également aux conférences. Ça m'a beaucoup aidée : notamment lorsqu'il a été question de la « Volonté de puissance ». J'ai réalisé que, dans les discussions, mon mari voulait toujours avoir raison et moi aussi. On s'agressait tout le temps ; mon mari en sortait indemne tandis que moi je commençais à délirer et ensuite il y avait l'hôpital psychiatrique. Maintenant je me tais.

Je suis de caractère non actif. — Autrefois, je pensais que j'étais paresseuse et je m'en culpabilisais beaucoup ; maintenant, quand je sens que j'ai du mal à me mettre en route, le matin je me fais un programme en y mettant le maximum d'activités qui me conviennent et ça me dynamise.

J'adore la musique, j'en fais régulièrement. Quand je fais mon ménage, ce que je n'aime pas beaucoup, je me dis : « Libérons-nous vite de toutes les corvées pour pouvoir faire ma musique », et du coup je fais les choses avec entrain.

Depuis que je suis en groupe j'ai un meilleur contact avec les amis, les camarades, la famille... Je m'intéresse aux travaux de mes enfants, j'aide mes filles matériellement et moralement. J'ai compris que je ne devais plus leur donner de conseils, qu'il fallait qu'elles assument leur vie elles-mêmes, donc je les écoute simplement.

Les groupes m'ont montré que je ne suis pas la seule à avoir des difficultés.

Une chose qui m'a beaucoup aidée, c'est la piscine car, dans l'eau, je dois dominer ma peur, faire un effort, c'est-à-dire ne pas me laisser aller à mes émotions. Je fais travailler ma pensée et je me dis que j'ai peur mais que je sais nager.

Dernièrement j'ai eu une petite crise qui n'a pas duré, je m'en suis tirée presque seule. Bien sûr j'ai appelé Madeleine mais elle m'a aidée très rapidement à redescendre sur terre.

Mon travail psychologique m'a appris à découvrir les deux grandes amours de ma vie après mes enfants : la musique et la piscine.

J'ai appris le piano, j'ai eu plusieurs premiers prix successifs en fin d'année. J'ai chanté dans une chorale, puis j'ai abandonné le chant pour apprendre l'orgue. La musique me passionne, j'en fais beaucoup et beaucoup de piscine aussi.

Je pense rester longtemps aux groupes qui sont pour moi la gymnastique de l'esprit dont j'ai besoin comme mon corps a besoin de la piscine.

Et puis je suis tout de même allée dans douze hôpitaux psychiatriques et je n'ai pas envie d'y retourner, surtout que, chez moi, je suis très seule moralement.

Je sais aussi que ma pensée rationnelle reste au-dessous de la moyenne et que je devrai toujours la faire travailler parce que mon imagination adore vagabonder.

Je ne suis jamais retournée à l'hôpital depuis 1978 et je n'ai pas eu de crise jusqu'à ce jour, en 1988.

Pour mémoire : psychiatrie, seize ans, délires et hospitalisations

PSYCHIATRIE PSYCHANALYTIQUE

1976	vient en groupe hospitalisations de plus courte durée
1978	crises plus légères endiguées par la chimiothérapie sans hospitalisations
1980	n'a plus de crises du tout

En 1988, et depuis 1980 : jamais de crises
jamais d'hospitalisation
plus de médicaments sauf Lithium à faible dose

Le coin technique

Fonctions de l'esprit	Sentiment dominant infantile. Sensation et Pensée archaïques. Intuition très archaïque jusqu'à la superstition.
Introversion et Extraversion	les deux vécues alternativement, chacune sur un mode extrême avec une très médiocre coordination.
Féminin et Masculin	Animus pratiquement absent. Sans défense face à la vie.
Caractère	non-émotif non-actif primaire } Amorphe
	Toute réflexion reste très superficielle. Impossibilité de réflexion approfondie.

BRIGITTE DENIAU-CONTINI

La folie, ça se résout !

Mariée, 1 fils de 7 ans, vendeuse en librairie, 33 ans lors de l'interview en 1981

PSYCHIATRIE

de 1967 à 1971 : de 20 à 25 ans (cinq ans)

Diagnostic : folie schizophrénique

1967 premiers symptômes de psychose hallucinatoire
ne peut plus sortir
perte de contact avec la réalité
1re hospitalisation

1968 2e hospitalisation

1969 3e hospitalisation
Traitement : électrochocs
cure d'insuline
Résultat : tentative de suicide

1971 4e hospitalisation
Traitement : électrochocs
2e cure d'insuline
Résultats : tentative de suicide

Cinq années où alternent délires, dépressions, tentatives de suicide. Au total : onze mois d'hospitalisation avec toujours électrochocs et cures d'insuline
À noter : tentative de suicide après chaque cure d'insuline

J'avais 20 ans. J'étais à la fac et je ne m'y adaptais pas. J'avais entre autres des problèmes avec les copains.

J'ai commencé à être triste, à pleurer sans raison, je ne voulais plus manger, je dormais mal. La nuit je revivais tous les événements de la journée mais tout était contre moi.

Ma mère ne m'a pas posé de questions, elle pensait que j'avais un chagrin d'amour, que j'étais fatiguée... et m'a donné des fortifiants.

Cela s'est aggravé au fil des jours ; je me trouvais moche, la plus « con », je ne réussissais pas mes études, et, bien sûr, je m'en culpabilisais, je ne voulais plus répondre au téléphone... Je disais à ma mère : « Comment oses-tu sortir, tu ne te rends pas compte que tout le monde te regarde. »

Je ne pouvais plus traverser les rues, je ne voyais plus, comme si j'étais ailleurs. J'avais, paraît-il, à ce moment-là, les yeux complètement morts comme si je regardais à l'intérieur de moi-même.

Ma mère a alors décidé de m'emmener consulter un médecin dans un dispensaire non loin de la maison. Un « type » est venu prendre ma tension, j'avais peur et j'ai reculé, de là, on en a déduit que j'avais peur des hommes, que j'étais schizophrène... Le psychiatre a conseillé une cure de sommeil... d'où ma première hospitalisation.

Cela se passait quinze jours avant le mariage de mon frère et le psychiatre a conclu que j'étais amoureuse de lui, ce qui m'a alors posé de graves problèmes moraux. La version officielle donnée à mon absence au mariage était : « Brigitte a été opérée de l'appendicite », pauvre appendice !

J'ai donc fait cette cure de sommeil. Je pensais que l'on me supprimerait les médicaments sitôt que la cure serait terminée. Je ne me souviens plus comment j'étais après cela ; tout ce dont je me rappelle c'est que je ne parlais plus de moi qu'à l'imparfait, et l'après-cure ne s'est pas passée comme je le pensais. On voulait continuer à me droguer, alors j'ai fait un scandale parce que je ne voulais pas de médicaments. Le lendemain on m'a donné un «truc» tellement fort que je suis tombée dans les pommes.

Ensuite, on m'a fait des électrochocs.

Quelque temps après ma sortie de l'hôpital, j'ai traversé une période d'excitation intense. Je connaissais un groupe de musiciens de jazz, je faisais le «gus» avec eux toute la nuit, je rigolais, j'étais bien (je le pensais à l'époque).

À la librairie où je travaillais, je montais, je descendais les cinq étages en chantant, en rigolant, je mangeais à peine... Et puis, en vacances dans la famille d'un ami, j'ai vraiment déliré.

J'ai donc été à nouveau hospitalisée, enfermée dans une chambre vide (une chambre blanche, vide, avec un lit fixé au sol et un seau en plastique blanc). Je faisais le camelot, je jetais le seau en l'air en disant : «Vous voyez, pas moyen de se faire mal, pas moyen de se faire mal...» On m'a attachée, je ne comprenais pas, je me révoltais. On m'a fait ma première cure d'insuline après avoir essayé les électrochocs. Il paraît que le choc physique provoqué par le coma doit remettre la boîte à idées en place.

À la suite de cette cure j'ai fait une tentative de suicide avec les médicaments. Je dois dire que les seules tentatives de suicide que j'ai faites ont suivi les cures d'insuline, cures dont je ressortais sans aucune réaction, sans goût, une véritable carpette.

Sortie de l'hôpital, j'ai travaillé à nouveau dans une librairie pendant à peu près deux mois, puis j'ai eu une nouvelle période d'intense excitation.

À nouveau hospitalisée, je délirais complètement, je me refaisais mon monde à moi, dans le personnel je croyais retrouver ma sœur... quelqu'un de ma famille, je courais partout... Là, on m'a fait des électrochocs, sans insensibilisation et puis, comme cela n'était pas assez efficace, on m'a fait une nouvelle cure d'insuline.

À la suite de celle-ci j'ai, bien sûr, refait une tentative de suicide, je suis ressortie de l'hôpital vers novembre.

Lorsque je suis arrivée en analyse chez Yves Dienal, je disais : «Ça va pas, ça va pas...» Je n'avais pas de problèmes à exposer, ne sachant pas ce qui, chez moi, était ou non un problème.

Yves m'a fait parler, m'a fait remonter dans mon enfance, m'a fait faire des tas d'associations d'idées, analyser des rêves. J'avais l'impression qu'il déroulait un fil.

À l'époque, j'avais une mine pas possible, des yeux morts, je ne me maquillais plus... Au bout de trois mois il me dit: « Dis donc, tu es mignonne, ça va mieux parce qu'il y a trois mois tu n'étais pas comme ça. »

J'ai vu Yves pendant trois mois. Tout à fait au début je le voyais deux fois par semaine, puis une fois. Au bout de trois mois j'ai arrêté parce qu'il m'a dit que « pathologiquement j'étais tirée d'affaire ». J'ai arrêté parce que j'étais à la charge de mes parents, ce n'est pas qu'ils ne pouvaient pas payer, mais ils n'approuvaient pas mon analyse.

Pendant ces trois mois d'analyse je n'ai pas eu conscience du cheminement, je ne l'ai réalisé que six ans plus tard, lorsqu'au moment où j'ai eu de gros problèmes avec mon mari, j'ai fait quelques groupes chez une ancienne patiente des Dienal. Ce que je sais c'est qu'ils ont mis en moi tout un mécanisme qui maintenant me permet de réagir seule.

Ce que je peux dire, c'est qu'en trois mois, j'ai été tirée d'affaire, il y a de cela dix ans, et depuis je n'ai eu aucune rechute : pas de traitement, pas d'hospitalisation...

J'ai rencontré F. à des cours de théâtre. Nous nous sommes mariés, et j'ai un fils de 7 ans.

J'ai eu de gros problèmes avec mon mari. Lorsque nous nous sommes mariés il était étudiant, puis au chômage, moi je travaillais. Lui se culpabilisait de cette situation et, au lieu de m'aider, il faisait tout pour se montrer impossible.

Il y a deux ans et demi, F. m'a dit avoir rencontré une fille, il était amoureux, elle devait lui trouver du travail, une chambre... cela ne s'est pas fait. Toutefois, à la rentrée 1978 il a trouvé un poste de professeur de philo au Liban où il est encore. Les choses ne sont pas faciles ; aux dernières vacances il m'a déclaré que nous ne reprendrions sûrement pas la vie en commun. Ce fut dur à accepter, mais il n'y eut ni délire ni écroulement parce que ma vie est riche.

Mes parents ont toujours fait preuve d'une incompréhension totale vis-à-vis de l'analyse. Pour ma mère, je devais avoir quelque chose au cerveau et l'analyse, quelque part, devait être, pour elle, en opposition avec sa foi. J'ai du mal à leur pardonner car je frémis en pensant que j'aurais pu terminer mes jours à l'asile.

Que fut le traitement de Brigitte ?

L'esprit était en friche. Il s'orientait suivant des principes de Bien et de Mal imposés, dénués de signification parce que dénués d'observation et de réflexion.

Brigitte a appris à développer ses facultés d'observation, de raisonnement et de jugement. Je dirai simplement qu'en quelques heures je fis passer dans son esprit le programme de logique de la classe de philosophie.

Elle fit connaissance avec elle-même, avec autrui et aborda la vie avec une intelligence personnelle et structurée.

Le traitement de Brigitte et celui de René Massios étaient à l'opposé l'un de l'autre : Brigitte réagissait de manière absurde à des représentations émotionnelles incohérentes d'où tout raisonnement était absent et René, au contraire, très structuré, tentait avec les puissants moyens de sa raison d'éliminer toute émotion.

Le cas de Brigitte est, si l'on peut dire, un très mauvais exemple pour tous parce que lorsque qu'on a eu de pareilles tribulations psychiatriques, on n'arrête pas au bout de trois mois une analyse qui porte ses fruits.

Mais il est aussi un bon exemple qui, comparé à celui de Marie-train-train, montre à quel point, à pathologies comparables, l'aptitude à maîtriser la conscience peut être différente.

Pour la psychiatrie psychanalitique, le plus important dans toute pathologie, ce n'est pas la pathologie elle-même, mais les aptitudes de la personne qui a développé cette pathologie.

Brigitte a totalement résolu, en quelques heures, ce que Marie a simplement neutralisé en quelques années.

Ce cas illustre aussi de façon exemplaire l'absurdité des familles qui acceptent le traitement qui n'a pas guéri, et rejette celui qui a guéri.

Une famille que sa logique conduit à préférer les conditions de la pathologie plutôt que celles de la santé est pathogène, par définition, et nous allons rencontrer cette « logique pathogène » dans beaucoup de familles de grands malades mentaux, notamment de schizophrènes.

Les convictions religieuses n'ont rien à voir avec cette absurdité qui peut atteindre, sans distinction, croyants et non-croyants.

Certains de nos patients étaient et sont restés croyants et pratiquants ; d'autres, comme Jean-Baptiste, ont, au cours de leur analyse, découvert la foi. Des religieux et religieuses assistent régulièrement aux conférences et l'une d'entre elles a constaté que son analyse (trois années) n'avait jamais mis en cause sa foi, mais l'avait, au contraire, enrichie et élargie.

Pour mémoire : psychiatrie, cinq ans

PSYCHIATRIE PSYCHANALYTIQUE

Novembre 1972 à janvier 1972 : 3 mois

Résultats : fin des hospitalisations
arrêt des médicaments
vie personnelle normale
entrée dans la vie professionnelle

Depuis 1972, nous sommes en 1987, aucune rechute

Le coin technique

Fonctions de l'esprit	Sensation et Sentiment dominants mais très anarchiques parce que absolument pas éclairés par une Pensée rationnelle. Pensée tout à fait anarchique
Extraversion et Introversion	excitation extravertie délires introvertis
Féminin et Masculin	Animus anarchique
Caractère	émotif non-actif primaire } Nerveux

ROGER MÉDIONI

Le trou noir de la dépression

39 ans, célibataire, ingénieur

PSYCHIATRIE

Juin à septembre 1980

les symptômes dépressifs se multiplient :

crises de larmes
angoisses du matin
énorme fatigue
ne peut plus travailler

Consulte un médecin généraliste

Traitement : fortifiants
antidépresseurs

Résultat : de mal en pis

Consulte un psychiatre

Traitement : chimiothérapie
entrée en clinique psychiatrique prévue pour un mois

Mes collègues de travail me considéraient comme quelqu'un de sérieux et pourtant, moi, j'avais le sentiment permanent de ne pas travailler normalement.

En quelques jours, avant les vacances d'été 1980, ce fut la dégringolade, une dégringolade rapide. Le gouffre, le trou...

Je disais d'ailleurs à tout le monde que j'étais « tombé dans un trou » et on me répondait : « Il faut sortir de ce trou. » Mais comment sortir d'un trou quand on n'a rien pour s'agripper ? Yves a été le seul à me dire qu'il ne s'agissait pas de sortir du trou, mais que le trou devait ne plus exister pour ne pas y retomber.

Ce n'est pas drôle d'être dans un trou, de ne pas savoir quand on en sortira, de ne pas savoir si même on en sortira un jour !

Je disais à mes collègues : « Je préférerais avoir une jambe cassée, être sur un lit d'hôpital avec un plâtre ; au moins je comprendrais, je pourrais me dire ça va durer quinze jours, deux mois. Ensuite on enlèverait mon plâtre, je ferais de la rééducation, et je pourrais marcher. » Mais là je ne comprenais pas...

Peu à peu, les crises de pleurs se multipliaient, puis arrivèrent les angoisses du matin, la sensation d'être mal, les serrements dans la poitrine.

N'avoir envie de rien, n'avoir aucun espoir, se sentir complètement vide, perdu, n'avoir aucune raison de vivre... c'est atroce !

J'essayais de faire quelque chose et, tout naturellement, je suis allé voir un médecin généraliste. Il a commencé à me donner des fortifiants auxquels il a rajouté un truc en *il*.

Les fortifiants, je les ai pris, ça ne m'a pas fait de mal, mais je n'étais pas mieux pour autant. L'autre médicament, je l'ai abandonné au bout d'une semaine car je ne sentais pas d'amélioration.

Sur le conseil d'un copain, je suis allé voir un psychiatre qui m'a donné du...*il*. J'ai eu peur, car ce médecin m'a dit que, durant ce traitement, je devais éviter de conduire, éviter de travailler sur des machines parce que les réflexes étaient diminués. Cette perspective m'effrayait.

Je dois dire qu'en plus de ce médicament, je devais en prendre un autre, un contrepoison, destiné à m'éviter de tituber. Je ne l'ai pris que deux jours.

Au cours d'une séance d'analyse de deux heures, Yves m'a mis en contact avec pas mal de gens, notamment par téléphone avec Michelle qui avait quinze ans d'expérience psychiatrique et un an d'analyse par la psychiatrie psychanalytique. J'ai alors commencé à travailler.

Tout à fait au début, je voyais Yves en séances individuelles deux fois par semaine.

J'ai également, dès le début, participé aux groupes dans lesquels je trouvais une ambiance compétente, très chaleureuse, très amicale, ce qui m'a beaucoup aidé.

Aujourd'hui, quatre mois plus tard, je compte environ une douzaine de séances individuelles et huit en groupes. Je peux dire que, même si je sais que mon cheminement n'est pas terminé, je me sens déjà beaucoup mieux.

Durant ces quatre mois d'analyse j'ai réalisé que je n'ai jamais été un enfant. Un enfant, c'est un «petit individu» qui court, qui galope, qui est insouciant, qui déchire ses pantalons, qui se salit et qui rit. Cette époque n'a pratiquement pas existé pour moi.

C'est à force de parler, de revenir en arrière, de discuter que j'ai réalisé cela. J'ai également vu que ma vie a toujours totalement manqué de plaisir.

Quand Roger Médioni m'est «amené», il n'est plus qu'une loque. Sa pathologie n'est plus une dépression nerveuse, mais une neurasthénie profonde ou une mélancolie. Il est plié en deux, l'œil vitreux. Il ne pense plus, ne parle plus, ne croit plus à rien et doit entrer en clinique psychiatrique pour trois mois afin d'y subir, pour commencer, une cure de sommeil.

Son désespoir lui tient lieu de pensée ; il ne croit plus en rien, surtout pas en nous, le dernier psychiatre consulté lui ayant soufflé que notre adresse était de celles qu'on ne saurait recommander...

Selon lui, il a tout pour être heureux. 38 ans, célibataire, il a une bonne situation, il est à l'hôtel chez papa et maman, une maman qui veille sur lui.

Il est angoissé, désespéré, impuissant, et sans remède à son drame inexplicable.

Dans son premier rêve, Roger voit ses parents qui se sont enfin décidés à acheter une superbe et puissante voiture. C'est un corbillard. Sa vie, effectivement, était un véritable enterrement dont ses parents, chez qui il était demeuré (au sens propre et figuré), étaient les ordonnateurs. Rire, fantaisie, plaisirs sont proscrits. La vie est faite pour travailler (bien) et pas pour s'amuser.

Tous les soirs, il rentre à 19 h 30 parce que, sinon, sa maman s'inquiète.

Pas de vie personnelle, pas de plaisir ; les filles sont tabous, il ne les regarde pas. Il a une petite vie étriquée dont l'essentiel est le travail. Il passe ses journées au bureau, effondré sur ses dossiers, qu'il mouille de ses larmes.

L'important est que Roger ne vit que sur une seule fonction : la pensée, les plaisirs du sentiment et la sensation lui sont interdits. Quant à son intuition, elle est ligotée dans le dossier technique sur lequel il pleure, qu'il veut « faire bien » et qu'il transporte chez lui pour le faire encore mieux (c'est étonnant ce que les gens en dépression veulent toujours « faire bien » les choses !).

À l'analyse, apparut un conflit dramatique, de ceux qui peuvent conduire au désespoir : l'ingénieur-employé-modèle-type-pensée voulait, comme un bon élève, faire le travail qui était demandé par le directeur-professeur.

Mais, dans l'inconscient de Roger, un autre ingénieur, intuitif celui-là, jugeait l'ouvrage absurde, parfaitement inutile, et refusait de se mettre au travail.

La rencontre de deux nuages peut produire de la pluie ; de la même manière, la rencontre du conscient et de l'inconscient de Roger produisait de l'impuissance et des larmes d'impuissance.

La guérison se révéla consommée lorsque Roger vint un jour en groupe avec une superbe paire de chaussures rouges dont il n'avait nul besoin mais qui lui procurait un vif plaisir.

En 1987, Roger Médioni est toujours en pleine forme. Il téléphone de temps à autre, en signe d'amitié, d'un quelconque pays où son entreprise l'envoie en mission.

Roger illustre une origine fréquente et simple des mécanismes dépressifs, des plus légers aux plus graves. Il est né dans un milieu austère pour qui seul le travail a de la valeur, et pour lequel toute recherche de plaisir de vivre est dévalorisée.

En 1980, l'éducation fait ses effets ; il ne trouve plus de plaisir, ni dans son travail ni nulle part ailleurs, et c'est l'effondrement mélancolique grave.

Cela est simple en effet, mais ce qui va égarer la psychiatrie, la psychanalyse et les psychothérapies diverses, c'est que tous les individus ayant la même histoire ne feront pas une dépression, pour la raison simple, mais complexe, que tous n'ont pas les mêmes structures d'esprit !

Rappelons que, pour faire une pathologie, il faut la rencontre inadéquate d'une histoire et de structures.

La fameuse anamnèse, ou histoire de la maladie à la lumière du vécu du sujet, dont il est question dans tout traité savant ou « réunion de synthèse psy » hospitalière, ne peut guère expliquer la pathologie qui ne s'explique que par les interférences des structures... qui ne font pas partie de l'anamnèse !

PSYCHIATRIE PSYCHANALYTIQUE

Septembre et octobre 1980 : deux mois de psychanalyse. Il se révèle un garçon dynamique, plein d'humour, heureux de vivre et de s'amuser. Reprend goût au travail, accepte de nouvelles responsabilités.
A poursuivi son analyse durant deux ans.

Le coin technique

Fonctions de l'esprit	Pensée dominante, mais systèmes de pensée conventionnels et rigides. Sensation et Sentiment sous-développés
Introversion Extraversion	très unilatérale à développer
Masculin et Féminin	Anima importante et méconnue
Caractère	émotif actif secondaire } Passionné

LUCILE

Même les dragons sont dépressifs

Mariée, cinq enfants, 53 ans lors de l'interview en 1981

En 1975 j'ai fait une très forte dépression, c'était la quatrième.

À cette époque mes enfants avaient quitté la maison l'un après l'autre. Après trente années très remplies, je me suis retrouvée seule, avec l'impression que ma vie était finie.

Notre vieux médecin de famille a commencé par me donner des calmants. Malgré ce traitement je n'allais pas bien du tout. Je ne pouvais plus m'alimenter, je maigrissais d'un kilo par semaine, je ne dormais pas. Je me cachais pour pleurer car, ayant ma mère âgée entièrement à ma charge, je n'avais pas le droit de flancher.

Finalement j'ai décidé d'aller en analyse avec Madeleine.

Au début je ne venais pas régulièrement. Quand elle avait une place, elle me téléphonait et je venais pour une séance individuelle et un groupe, j'habitais à 700 km de Paris.

À la rentrée 1976 je me suis inscrite à un groupe et j'ai travaillé régulièrement, une séance individuelle et un groupe tous les quinze jours.

J'étais depuis peu en analyse lorsque je suis restée un jour de plus à Paris afin d'assister à la conférence sur la dépression.

À la fin de cette conférence, plusieurs personnes sont venues apporter leur témoignage. Les entendre, elles qui avaient été aussi en pleine «déprime», affirmer qu'elles se sentaient bien et heureuses de vivre, m'a vraiment donné espoir. Cette expérience transmise par les témoignages des autres incite à la discipline au traitement.

Quand je n'étais pas bien et que j'allais parler, je ressortais toujours avec un soulagement, un mieux-être. En effet, à chaque fois je sentais que je montais une petite marche. Il y avait tout un escalier à gravir mais je montais doucement. Je savais que je ne pouvais pas être bien d'un seul coup mais je sentais naître en moi une immense envie de vivre.

Je suis ainsi arrivée aux grandes vacances. Pendant ce temps il fallait bien que je me débrouille seule. J'avais, en outre, fait assez de chemin pour décider d'arrêter progressivement les médicaments ; cela s'est fait en quinze jours et je n'en ai jamais repris. Si je ne dormais pas, je me disais que je pourrais me reposer le lendemain ; si je ne mangeais pas beaucoup, je ne m'en inquiétais plus, je ne maigrissais d'ailleurs plus.

Le traitement n'était, bien sûr, pas fini mais je remplaçais peu à peu l'énergie du désespoir par l'énergie de l'espoir.

La première chose que j'ai faite en analyse c'est de revenir sur mon passé. J'ai pu m'exprimer, sortir tout ce que j'avais sur le cœur. J'en ai « vomi » pendant deux ans. Je me déchargeais d'un poids, du poids de tout ce qui m'avait fait mal.

J'ai alors réalisé que j'avais complètement perdu le goût de vivre lorsque mon frère, qui était mon confident, mon ami... avait disparu. Je n'avais jamais accepté sa mort, j'avais donc rejeté tout ce qui était la vie. Lorsque j'avais 19 ans, la France était en guerre, et je m'étais engagée comme ambulancière ; j'étais volontaire pour toutes les missions où je pouvais disparaître.

Je me suis mariée à 20 ans. Au cours de mon analyse, j'ai aussi découvert que j'avais cherché à retrouver mon frère, en mon mari. Très rapidement, j'ai eu une nombreuse famille et je suis arrivée à 50 ans sans avoir jamais pensé à moi : aucune activité sportive ou intellectuelle. Lire me semblait un péché de paresse, il y avait tant à faire à la maison.

J'ai très vite compris que je vivais essentiellement en introversion ; pour m'extravertir, je me suis mise à faire du sport : ski, équitation, claquettes.

La deuxième année, je suis allée en groupe avec Yves car j'avais un gros problème avec mon mari. C'est un homme très dominateur, et je pensais que Yves était comme lui et qu'il pouvait m'écraser d'un « coup de patte ». J'ai donc commencé par m'efforcer de faire ressortir mon côté « dragon » pour, justement, ne pas être écrasée. Ce côté dragon, je l'avais développé pour me protéger. Ce n'est qu'après plusieurs séances que ma peur a complètement disparu.

Mon mari valorisait l'action et semblait ignorer l'autre et les états d'âme. J'ai ainsi pu avoir trois dépressions sans qu'il s'en aperçoive. La dernière fois j'étais tellement mal que je lui ai dit tout ce que j'avais sur le cœur, tout ce qui n'avait pas marché entre nous.

Il a pris conscience de ce que son comportement dominateur avait pu avoir de négatif, d'écrasant pour la famille, et notamment pour notre fils aîné avec lequel il avait été très dur.

Il a alors accepté de venir, lui aussi, en analyse. Comme c'est un homme d'une très grande intelligence, il a beaucoup travaillé pour remédier à tout ce qui était catastrophique dans son comportement. Il a fait un gros effort pour se transformer, ne pas attaquer avec toute la force qui lui est naturelle. À partir de ce moment, nous avons pu communiquer, et j'ai pu l'aider en lui parlant des conférences.

Si pour moi l'analyse a été plutôt agréable car elle me permettait de me sentir mieux de jour en jour, elle a, par contre, été très douloureuse pour lui qui avait toujours tout réussi très brillamment, qui était habitué à commander et à dominer ; il a beaucoup souffert de devoir se remettre en cause d'une part, et de devoir le faire en groupe, devant des jeunes d'autre part.

Mais c'est aussi ce qui lui a permis d'apprendre à se mettre au niveau des autres et à communiquer avec eux, avec moi, avec ses enfants.

Je peux dire que c'est aujourd'hui, à 55 ans, que je vis la jeunesse que je n'ai pas vécue.

Le coin technique

Fonctions de l'esprit	Sentiment dominant. Équilibre satisfaisant de l'ensemble des fonctions	
Introversion et Extraversion	bien équilibrées	
Féminin et Masculin	Animus rigide	
Caractère	émotif actif secondaire à primaire	Passionné para-colérique

COLETTE GRIFFAUT

Comment passer des somatisations
à la profession de psychanalyste

40 ans, mariée, ne travaille pas lors de l'interview en 1981

J'avais 25 ans. Je menais une vie apparemment normale. J'étais une femme mariée, bien installée chez elle. J'ai un mari tout à fait gentil, sympathique, une famille elle aussi charmante et attirante, une vie matérielle facile.

Apparemment donc, tout allait bien. Pourtant, moi, je n'allais pas bien, je n'allais pas bien du tout.

J'ai commencé à ressentir une immense fatigue. Quand je ne me sentais pas bien, je restais couchée toute la journée. J'avais de fortes baisses de tension et le médecin a conclu que j'étais malade, de type nerveux, et il m'a donné des tranquillisants. Je passais ma vie entre des remontants et des calmants.

Et puis les choses se sont aggravées. J'ai eu des évanouissements quotidiens. J'ai tellement somatisé qu'un jour je me suis mise à vomir, vomir, vomir... On m'a transportée inanimée à l'hôpital. On a pensé que j'avais un empoisonnement, et, en fait, j'étais pratiquement à jeun. Tous les examens que l'on a faits n'ont, évidemment, rien donné.

Au fond de moi, je pensais bien que l'origine de tous mes maux était psychologique, mais je n'osais pas en parler à mon entourage.

Ces troubles sans explication se sont poursuivis pendant quinze ans.

C'est par hasard que j'ai découvert les conférences d'Yves Dienal. Lorsque j'ai assisté à la deuxième partie de ces conférences, qui est une séance d'analyse destinée à faire une démonstration pratique, j'ai été emballée par le côté sain, simple et précis, de l'échange auquel ne manquaient ni le rire ni l'humour.

J'avais de très bons contacts avec ceux qui assistaient à ces conférences, je discutais avec Yves mais je ne me décidais pas. Enfin, j'ai pris mon premier rendez-vous. J'ai dû avoir deux séances individuelles et quelques groupes avant les vacances d'été.

En septembre j'ai attaqué sérieusement. Je venais à un groupe tous les quinze jours et je prenais une séance individuelle par mois.

Les séances individuelles étaient très douloureuses : il me fallait admettre que j'étais malheureuse et ça, je le refusais. Je me disais : « Il n'y a pas de raison, mon mari, ma famille sont si gentils, je suis excessivement gâtée. » De plus j'avais tellement entendu dire : « Elle est trop gâtée, elle aurait besoin de travailler » que je ne me sentais pas le droit d'être malheureuse.

Dans les groupes j'ai découvert que je n'étais pas un cas unique, que tout le monde a des problèmes, qui se ressemblent souvent, et qu'il n'est pas honteux d'en parler ni même de les avoir.

Il a fallu tirer sur la ficelle, il a fallu se rappeler. Je n'avais pas de souvenirs. Peu à peu ils sont revenus et, à mon grand désarroi, il m'est apparu que j'avais toujours été très seule, alors que j'avais des images d'une famille attentive. J'ai réalisé que si mes parents s'occupaient bien de moi, ils étaient très réservés et il n'y avait pas de contacts, pas de caresses, pas de gentillesses.

Au fur et à mesure que je découvrais le passé enfoui, je devenais vraiment malheureuse et je me disais : « À quoi ça sert, c'était bien mieux quand je refoulais, j'avais peut-être des malaises mais je n'étais pas malheureuse. »

Lorsque je suis venue en analyse, je jugeais que je n'avais aucun attrait pour la vie et que j'étais incapable de m'intéresser à quoi que ce soit. Je pensais que ce que l'on n'a pas réalisé étant jeune, on ne le fait plus. J'avais aussi le complexe des diplômes.

Et puis je me suis souvenue que deux choses m'avaient intéressée : la danse quand j'étais petite fille, et plus tard la philosophie et la psychologie, mais, dans mon esprit, il fallait des diplômes.

Finalement j'ai osé dire que mon principal centre d'intérêt

était la psychologie, et même la psychanalyse... Yves, toujours très honnête, m'a dit qu'il ne savait pas si je pourrais être analyste mais que rien ne m'empêchait de travailler dans ce sens... Je me suis donc mise à travailler énormément.

Je voudrais préciser que les somatisations dont j'ai parlé ont disparu dès que j'ai commencé l'analyse. Je n'ai plus jamais eu de malaises. Quand il m'arrivait, par la suite, d'être fatiguée, je savais que je réagissais à mes émotions et je ne m'inquiétais plus. J'ai donc arrêté brutalement calmants et remontants. L'arrêt de mes somatisations s'explique par le fait qu'au lieu de m'ennuyer constamment, je faisais, pour la première fois de ma vie, quelque chose qui m'intéressait, qui me passionnait et mon esprit vide se mettait à travailler.

Mon idée de devenir analyste est maintenant bien ancrée et, depuis la rentrée 1980, j'assiste presque tous les jours aux groupes, j'y participe activement, préférant d'ailleurs le rôle d'analyste à celui d'analysée. Ce que j'apporte, lorsque je suis analyste, me donne les plus grandes joies de ma vie.

J'ai pensé qu'il serait bon que je travaille également avec Madeleine parce qu'elle a une autre personnalité. Alors, j'ai alterné les groupes chez l'un et l'autre. Chez Yves, qui est de caractère nerveux, c'est rapide, mouvementé, ça va vite ; chez Madeleine, il y a plus de calme, plus de réflexion, il y a également le sens de l'humour mais avec plus de mesure. L'un est plus offensif, l'autre plus rassurante.

Ce que j'aime beaucoup dans les groupes, c'est qu'on s'occupe non seulement de l'analysé, mais aussi de l'analyste qui reçoit beaucoup d'explications. C'est un très bon travail de formation.

J'ai compris que je suis très émotive, non active, avec des réactions rapides de type nerveux. Mon mari, lui, est très actif et je me culpabilisais de ma non-activité.

Par référence aux autres, j'ai bien compris en groupe que ma non-activité n'est pas une « maladie » mais une caractéristique de ma personnalité que je devais apprendre à utiliser.

Je menais une vie végétative insipide, pratiquement inexistante, je n'avais plus de plaisir... Mon caractère émotif avait besoin d'émotions et, n'en ayant pas de bonnes, je m'en fabriquais de désagréables, d'où mes somatisations.

Submergée par ces émotions inventées et néfastes et par ma non-activité je me laissais aller et je coulais.

Il m'a d'abord fallu rationaliser ces émotions, travailler la pensée, c'est-à-dire la réflexion. Noyée dans mes problèmes et n'en parlant jamais, il y avait quinze ans que je ruminais.

Ma psychanalyse n'a jamais été abordée très clairement avec mon entourage. Lorsque j'ai commencé à aller aux conférences je disais que la psychologie m'intéressait. Puis j'ai dit que se faire analyser faisait partie du travail psychologique.

Très vite ma famille a dû se rendre à l'évidence : je n'étais plus jamais fatiguée, je ne consultais plus de médecin, j'étais plus dynamique mais on « se voilait la face » et on me disait que j'allais mieux parce que « ça devait être comme ça ». C'est tout.

Mon mari a du mal à accepter mon évolution, mon autonomie, parce que j'ai maintenant, par exemple, des relations qui ne sont pas les siennes, alors qu'avant je n'avais pas d'amis personnels. De plus, je prends moins de plaisirs dans les cocktails, dans les discussions mondaines ; d'ailleurs il me demande de moins en moins d'y participer.

Lui qui ressent très bien les choses est en pleine contradiction. Il voit que je ne suis plus malade, que j'ai plein d'attraits pour la vie, que je suis gaie, dynamique, que je sais ce que je veux et que je le dis. Il voit tout ce changement mais ne veut pas l'admettre. Malade, j'étais un objet pour lui ; en bonne santé, j'existe aussi pour moi, je ne suis plus soumise. Cependant il me demande tous les soirs si j'ai « bien travaillé ».

Je pense maintenant que le problème diplomatique qui se pose est de lui faire accepter que sa femme aille bien et que ce ne soit pas son œuvre à lui.

En résumé, j'ai approfondi mes facultés de réflexion et je suis allée vers une certaine sagesse, une certaine philosophie.

On peut, une fois de plus, insister sur le fait surprenant que, souvent, les familles n'apprécient pas beaucoup les guérisons.

Qu'ajouter à cet exposé de professionnelle qui montre de

façon percutante comment, partant de la pathologie, on arrive à la connaissance et même à la sagesse ?

Colette est maintenant analyste. Elle a pris par rapport à nous une totale indépendance et même une totale distance, ce qui nous chagrine sur le plan amical.

Pour mémoire, troubles psychosomatiques (quinze ans)

PSYCHIATRIE PSYCHANALYTIQUE

Arrêt des troubles en moins de cinq séances

Le coin technique

Fonctions de l'esprit	les 4 fonctions sont importantes. La Pensée est occupée à refouler les malheurs du Sentiment
Introversion et Extraversion	Extravertie
Féminin et Masculin	Bon équilibre de base mais féminité mal vécue et malheureuse
Caractère	émotif, non-actif, primaire } Nerveux

DEUXIÈME PARTIE

LES PROBLÈMES « PETITS » ET « GROS » qui empêchent tout de même de bien vivre

« Je suis mal dans ma peau »,
« J'ai peur des jugements des autres »,
« Je suis angoissé »,
« J'ai peur des filles ou j'ai peur des hommes »,
« Je rate tout ce que j'entreprends »,
« Je tombe toujours sur des gens qui ont des problèmes »,
« Je rencontre toujours des hommes, ou des femmes, qui me laissent tomber »,
« Mon fils travaille mal à l'école ».

Ceux qui ne sont pas pathologiques mais qui viennent avec leur demande, leur pourquoi, leur désir de comprendre sont légion.

Pourquoi tant de divorces ?

Pourquoi tant de difficultés entre parents et enfants ?

Si nous avons commencé par exposer des cas pathologiques et le processus de leur guérison sur la voie de l'épanouissement, cela pourrait laisser supposer que la psychiatrie psychanalytique ne s'applique qu'aux gens « sérieusement atteints », ce qui reviendrait à dire que la culture physique ne s'applique qu'aux infirmes. Or culture physique et psychanalyse sont des moyens comparables pour prendre conscience, connaître, maîtriser et développer son corps ou son esprit.

Culture physique et psychanalyse sont les domaines des athlètes complets du corps et de l'esprit. Un athlète complet est celui qui a de bonnes performances moyennes dans toutes les disciplines. C'est le champion du décathlon. Un haltérophile de 130 kilos ne sera jamais champion de course à pied.

Notre psychanalyse ne crée pas des dons qui n'existent pas, elle ne change pas la personnalité ; elle vise à rendre conscients les dons naturels et à les développer, ainsi qu'à donner à chaque personnalité ses formes précises. Il ne s'agit donc pas de changer les personnalités, puisque c'est précisément le fait de méconnaître *sa* personnalité propre avec toutes ses caractéristiques qui conduit aux pathologies mentales.

Mais il faut préciser que si la personnalité profonde ne peut être transformée, le développement peut en modifier totalement l'état et l'apparence. Une personne réduite à l'état d'épave comme vous en avez rencontré dans les précédents chapitres ne ressemble guère à la même personne, bien développée. Le bien-être et la satisfaction de vivre sont le résultat d'un fonctionnement d'ensemble correspondant bien à la personnalité.

Nous devons dire et répéter que s'il est relativement possible d'expliquer les mécanismes des pathologies graves avec une certaine clarté et une certaine précision, il devient impossible, hors la situation psychanalytique, en séance individuelle ou en groupe, de raconter les mille et un détails qui vont enrichir et développer l'esprit.

L'apprentissage de l'écoute des voix d'autrui, par exemple, et des effets, bons ou mauvais, que peut faire sa propre voix sur autrui ne peuvent pas s'imprimer sur le papier. Ces simples effets de voix sont capables de rassurer ou d'épouvanter quelqu'un, encore faut-il apprendre à les percevoir.

Ces restrictions faites, laissons les patients exprimer comment ils ont vécu leur analyse.

JEAN-MARC

«J'ai peur des filles...»

Marié, avocat, 34 ans lors de l'interview en 1981

Depuis l'âge de 17 ou 18 ans, j'avais d'énormes difficultés de relations avec celles que j'appelais à l'époque « les filles ». Il y avait un blocage, et ce blocage ne faisait qu'augmenter, tout comme les désirs d'ailleurs, et les manques.

En 1975, j'avais 25 ans, je me décidai à prendre rendez-vous avec Yves Dienal, que je connaissais parce qu'il avait soigné ma mère pour une dépression. Lorsque je l'ai rencontré il m'a dit : « Si je pouvais résoudre ton problème en dix minutes, je le ferais ; malheureusement cela nécessite quand même un travail psychologique. » Il m'a alors conseillé de le faire avec Madeleine afin que je puisse mieux faire connaissance avec cette « race » qui me faisait peur : la femme.

J'ai donc travaillé avec elle pendant deux ans. Je participais à un groupe tous les quinze jours et je prenais des séances individuelles à la demande, lorsque je me sentais mal.

Je dois dire que pendant ces deux ans, j'ai vidé mon sac. J'ai beaucoup parlé de ma mère qui avait une personnalité très forte. Au fil de l'analyse j'ai pris conscience que c'était tous les interdits qu'elle m'avait inculqués, notamment en matière sexuelle, qui étaient à l'origine de mes blocages. J'avais une vue complètement fausse ou même pas de vue du tout sur les relations masculin-féminin. Dans ces relations il n'y avait que le mal, et bien sûr l'amour en était totalement absent. Cheminant avec ce blocage d'une part, et des pulsions très normales d'autre part, j'étais très mal à l'aise.

Je suis donc parti d'un problème spécifique, très douloureux, pour déboucher sur des connaissances beaucoup plus vastes des comportements humains avec la caractérologie, les fonctions, etc. En un mot j'ai débouché sur l'apprentissage théorique et pratique de la connaissance de soi. L'analyse de mes rêves m'a été un précieux atout. J'ai dû accepter de ne pas avoir le profil pour faire de bonnes études qui demandent mémoire, concentration, goût d'apprendre ce qu'il y a dans les livres sans discuter, et moi j'aime comprendre et pas apprendre.

Madeleine a suivi, presque heure par heure, mon cheminement pour arriver à prendre la décision de poursuivre mes études de droit pour être avocat, ce dont je rêvais depuis l'âge de 12 ans.

J'ai reçu une éducation bourgeoise, traditionnelle, avec tout un système de valeurs... J'en ai parlé pendant des séances et des séances, parce que cette éducation m'avait énormément marqué. Je me croyais supérieur aux autres parce que mon père avait eu beaucoup d'argent et que l'on me disait que nous étions supérieurs. Que dire de la Mercedes et du chauffeur qui venaient nous chercher à l'école, mon frère et moi ! Maintenant je reste attaché à mon éducation, à ses éléments positifs, mais elle ne nuit plus à mes rapports avec l'autre.

À ce moment j'ai rencontré celle qui allait devenir ma femme. Je commençais à avoir des relations tout à fait normales avec tout le monde et en particulier avec les femmes, mais j'ai encore eu quelques séances pour aborder les problèmes du couple, du mariage. Depuis, pas de problèmes majeurs entre nous, ou plutôt, lorsqu'il y en a, nous les démêlons très bien.

Pour mon métier d'avocat, mon analyse a été fondamentale. Lorsque j'ai des rapports un peu difficiles avec la population pénale, notamment avec des délinquants, je parviens toujours à des échanges, bien que relatifs parfois parce que la relation dépend aussi de l'autre.

Avant de faire cette analyse, il me semblait qu'il devait y avoir un autre type de relations que celui qu'on apprend. Elle m'a fait prendre conscience de mon intuition et a développé mon sentiment qui était totalement inexistant. Je parlais, je parlais bien, mais je ne faisais que parler, je ne ressentais pas.

Dans la formation d'avocat, il n'y a rien au niveau de la connaissance de l'homme. La psychiatrie psychanalytique révèle des plans humains inconnus ou mal connus et permet d'utiliser au mieux chaque fonction ou donnée de caractère.

Le coin technique

Fonctions de l'esprit	Pensée et Sensation dominantes. Sentiment et Intuition importants et inconscients.
Introversion et Extraversion	bien équilibrées
Masculin et Féminin	Anima importante et inconsciente
Caractère	émotif, non-actif, primaire } Nerveux

CHRISTIAN

«J'ai peur de tuer des enfants»

Célibataire, styliste, 39 ans lors de l'interview en 1981

Depuis longtemps j'avais envie de faire une analyse. Je me renseignais à droite, à gauche... J'avais des amis, des clientes qui étaient en analyse et je les voyais s'écrouler de jour en jour. Je me demandais : « Faut-il vraiment en passer par là ? »

J'étais tout le temps « malade physiquement ». Je voyais trois spécialistes qui me faisaient faire régulièrement : prises de sang, radios, analyses de toutes sortes. Évidemment, on ne trouvait rien. J'avais de plus un copain très malade. Il relevait de la psychiatrie depuis cinq ans.

J'ai eu l'adresse d'Yves par l'intermédiaire d'un ami et je suis allé le voir pour lui parler de mon copain. Et là, ça a été fantastique. Ça a été fantastique parce que, pour la première fois, je rencontrais quelqu'un qui voulait bien m'écouter.

Les psychiatres que j'avais vus auparavant me demandaient toujours si j'étais le tuteur, le père, la mère... (du copain). N'étant rien de tout cela, ils ne me répondaient pas.

Dienal, lui, m'a dit : « Puisque vous vivez ensemble, tu as sans doute une part de responsabilité dans son état. Il est important que tu te connaisses mieux, que tu le connaisses mieux... » Je trouvais fantastique qu'on accepte de m'écouter, mais j'étais un peu énervé parce que c'était mon copain qui était mal et moi qui devais me mettre en cause.

Mon copain s'est décidé à aller en analyse. Ça a été une véritable résurrection. Moi je me suis contenté d'assister à un cycle complet de conférences.

Puis j'ai commencé à travailler avec Madeleine. Je dis bien « travailler » parce qu'au début c'était comme si, étant un peu malingre, j'allais me développer chez un professeur de culture physique. J'y suis allé dans une attitude d'étudiant.

Pourtant, à ce moment, je commençais aussi à être vraiment mal. J'avais des symptômes graves, à savoir que je n'osais plus sortir car j'avais peur de faire des « conneries ». Plus précisément j'avais peur de commettre un crime, de tuer un enfant.

Une chose importante, c'est que, dans les théories psychanalytiques traditionnelles, on dit que l'analyste doit plaire, et, à moi, Madeleine ne me plaisait pas. Malgré cela, je faisais avec elle un travail vraiment passionnant. La dernière année je suis allé en groupe avec Yves.

Au cours de mon analyse, j'ai pris conscience que j'avais un sous-développement de toutes les fonctions. J'étais de plus très superficiel, pas du tout objectif, toujours sur la sensation.

De ma peur de « tuer un enfant » il n'était pas facile de parler. Mais je suis d'une merveilleuse honnêteté psychologique inconsciente et je faisais des rêves. Alors j'analysais ces rêves. Très vite ils ont fait ressortir mon côté « maternant » que je refoulais. Et c'est ce refoulement qui était à l'origine de mes angoisses.

L'objectivité de Madeleine au regard de ce que je lui racontais m'a enlevé un poids considérable et ma peur a rapidement disparu. J'ai pu regarder les enfants avec d'autres yeux.

Une chose qui s'est beaucoup améliorée, ce sont mes relations avec mes parents. Autrefois, dès que j'étais avec eux commençaient des affrontements violents ; ils n'étaient pas comme je voulais qu'ils soient. Maintenant, je n'essaie plus de les convaincre à tout prix, je n'essaie plus de leur faire accepter mes vues, je respecte les leurs même si je ne les approuve pas.

Là encore ce sont mes rêves qui m'ont éclairé. Je me souviens d'un rêve dans lequel je voulais à tout prix mettre des chaussures appartenant à ma mère. Or elle avait les pieds complètement déformés. Je me suis rendu compte que je ne devais pas m'obstiner à faire rentrer les gens dans une direction, dans ma direction. La seule chose que je pouvais faire c'était d'évoluer moi-même, de rester naturel, d'être « moi-même », tout simplement.

Lorsque j'ai arrêté l'analyse je savais, non pas que j'avais fini car on n'a jamais terminé, mais que j'avais un bon acquis. Pourtant, je craignais un peu ce moment, comme le nageur qui abandonne sa bouée. Eh bien, ce jour-là, j'ai eu comme un diplôme de bien-vivre, et je l'ai toujours, c'est extraordinaire !

Les gens qui me côtoient chaque jour sont émerveillés par mon bien-être, mon rayonnement. Lorsqu'ils me demandent la raison de cet état je parle de l'analyse et, dans la mesure du possible, je les amène aux conférences.

Les gens qui sont en analyse orthodoxe n'en parlent pas ou seulement à des intimes. L'analyse, pour eux, c'est un traitement honteux pire que la maladie elle-même. Moi, de mon analyse je peux parler à l'aise. Lorsque j'explique la méthode à des orthodoxes, ils me disent : « Mais ce n'est pas de l'analyse. » Je leur répète que c'est « un travail psychanalytique » qui donne des résultats. C'est ça l'essentiel, qu'importe le nom qu'on lui donne.

Les analystes orthodoxes ont une grille qu'ils veulent plaquer sur quelqu'un. Yves et Madeleine ont une grille variable suivant les personnalités.

Un jour, il m'est apparu que, souvent, personne n'avait raison ou tort, qu'il n'y avait pas toujours de solutions aux problèmes. J'étais en face de mes contradictions, de mes dualités. J'ai eu du mal à accepter cela, car pour moi il fallait que les choses soient noires ou blanches, chaudes ou froides, bonnes ou mauvaises. J'ai pris conscience qu'il y a toujours des dualités, qu'il peut y avoir des nuances.

En conclusion, je peux dire que j'ai réussi à m'organiser une vie adaptée à mes désirs, à ma personnalité, à mes dualités. Je fais des choses qui m'intéressent. Je m'intéresse à tout, mais j'approfondis beaucoup plus qu'avant.

J'ai toujours eu une difficulté à trouver une stabilité dans la sexualité mais je sais maintenant que c'est ma particularité, pour l'instant du moins, et je « fais avec ».

Je sais également voir les autres indépendamment de moi et je n'attends plus d'eux ce qu'ils ne peuvent pas me donner. Ça semble simpliste mais c'est pourtant primordial.

Les enfants que je voulais tuer, c'était l'enfant que j'étais qui devait mourir. Je me comportais comme un petit garçon et j'adorais cela. Je n'avais aucune envie de grandir, je ne voulais pas.

En développant toute ma personnalité j'ai grandi sans

même m'en rendre compte et résolu ce conflit entre mon désir de rester enfant et une certaine nécessité de devenir aussi adulte.

Que de fois me suis-je entendu répéter que *l'équilibre n'est autre que l'harmonisation des contraires !*

Le coin technique

Fonctions de l'esprit	l'Intuition ne pouvait s'appuyer ni sur le Sentiment infantile, ni sur la Pensée très sous-développée. La Sensation forte et isolée ne servait qu'à lui fournir des somatisations indésirables.
Introversion et Extraversion	équilibrées
Masculin et Féminin	Virilité sous-développée Anima très importante, infantile
Caractère	émotif non-actif } Nerveux primaire

Aucun traumatisme à la base, mais un grand sous-développement d'une personnalité riche en potentialités.

MARTIAL

«Je ne peux pas garder une femme...»

Médecin, divorcé deux fois, 41 ans lors de l'interview en 1981

J'avais des obsessions sexuelles qui devenaient préoccupantes, gênantes, et qui peu à peu commençaient à m'empêcher de vivre. Il y avait des phénomènes qui survenaient tous les mois, puis tous les quinze jours... tous les trois jours, ce n'était plus vivable.

J'était allé consulter un sexologue qui a beaucoup accéléré mon divorce. Sa méthode consistait à me faire raconter, devant ma femme, pour, soi-disant les démolir, tous mes fantasmes. Quel déballage ! Surtout à un moment où j'étais perdu, je ne savais plus à quel saint me vouer. C'était affreux, j'ai eu terriblement honte, je me culpabilisais et ma femme m'a quitté, ne pouvant supporter ce spectacle.

J'ai divorcé deux fois sans comprendre pourquoi.

À l'époque, j'étais à l'étranger, très loin, dans une île. De passage à Paris, j'ai eu deux mois d'analyse intense : je voyais Yves une fois par quinzaine et une de ses élèves, deux et même trois fois par semaine. Puis je suis reparti à l'étranger.

L'extraordinaire, c'est ce que m'a dit Yves dans le premier quart d'heure, à savoir que je ne connaissais pas du tout les femmes, alors que j'avais eu tant de relations féminines ; il m'a dit aussi que j'avais une grande immaturité du sentiment, moi qui me croyais le plus tendre des hommes ; ceci s'est révélé être une vérité telle que j'ai travaillé là-dessus pendant quatre ans.

De retour dans mon île, ça a été un remue-ménage infernal dans ma tête, j'ai décidé de continuer et, pour cela, de venir à Paris. J'ai donc mis mon cabinet médical en gérance.

J'ai repris très régulièrement l'analyse le 15 septembre

1977. Le 15 décembre de la même année, ce qui était gênant au point de m'empêcher de vivre était évacué et je pouvais alors évoluer.

J'ai travaillé au développement de ma personnalité : développement du sentiment, développement de la sensation, objectivation. Voilà mon programme. Ce fut difficile, mais je crois que le plus difficile a été de faire lâcher prise à mon désir de plaire.

J'ai d'abord travaillé avec Yves, ensuite avec Madeleine. J'ai tout de suite été séduit par la personnalité d'Yves. Il s'appuie sur le côté positif de la vie, sur les éléments de force de l'individu. Il le structure, le fait grandir, lui apprend ce qu'il ne sait pas. Cela correspond tout à fait à ma philosophie, à mes idées religieuses ; c'est sans doute pour cela que je n'ai jamais douté des résultats et pratiquement pas offert de résistance.

J'aimais bien les séances individuelles parce que j'avais l'analyste à moi tout seul, ce qui me donnait l'impression d'être mieux compris, écouté et surtout reconnu et davantage aimé.

Enfin, la chose la plus importante que j'ai retirée de mon analyse c'est la démythification de l'homme et de la femme. Je me suis aperçu que les êtres humains sont tous différents et semblables à la fois puisqu'ils ont les mêmes difficultés, les mêmes joies, les mêmes peines, et partagent tous à peu près les mêmes choses.

En séances individuelles, j'ai beaucoup souffert. Je cherchais toujours des gratifications, j'attendais des compliments et Yves était beaucoup plus occupé de me faire progresser que de me donner des médailles en chocolat.

Le coin technique

Fonctions de l'esprit	« forcing » sur la Pensée, Sentiment important, infantile et mal conscient. Sensation mal intégrée. Intuition égarée dans l'abstraction mystique.
Introversion et Extraversion	bonne harmonie des deux
Masculin et Féminin	Virilité sous-développée Anima très importante, infantile, inconsciente
Caractère	émotif actif à non-actif secondaire à primaire } Passionné à Nerveux

MARINA

«Je suis agressive et mal dans ma peau...»

Mariée, une fille de 4 ans, directrice d'un centre culturel, 47 ans lors de l'interview en 1981

J'avais fait un essai d'analyse ou plutôt de psychothérapie avec un neuropsychiatre ; cela ne m'avait pas du tout aidée à résoudre mes problèmes de communication et mes difficultés avec les autres. J'étais, de plus, très agressive.

J'ai travaillé d'octobre 1970 à 1974 avec Yves et Madeleine.

Avant d'entreprendre cette analyse, j'avais l'impression que je deviendrais quelqu'un de tout à fait différent de ce que j'étais. Or, je suis toujours introvertie, la différence réside dans le fait que les problèmes inhérents à ce trait de ma personnalité ne prennent plus un caractère maladif. J'en connais toutes les caractéristiques, positives et négatives, et je sais les administrer.

J'ai assisté à un cycle complet de conférences. C'était pour moi un très grand plaisir car j'y entendais quelqu'un qui se renouvelle tout le temps, qui a une grande liberté de pensée, et qui expose les choses de façon très simple, très concrète ; qui ne se perd jamais dans des délires littéraires ou métaphysiques.

J'adorais la danse. J'ai commencé à danser à l'âge de 3 ans et j'ai pris des cours à partir de 8 ans. J'ai arrêté définitivement à 42 ans, au moment de ma grossesse. J'ai toujours eu beaucoup de mal à m'exprimer par la danse qui a toujours été pour moi une vocation contrariée. Depuis mon enfance j'avais lutté pour avoir une profession artistique et, en fait, durant la majeure partie de ma vie j'avais fait tout autre chose. La danse est quelque chose qui m'a toujours tenu à cœur.

J'ai eu quelques frictions avec Yves qui est aussi artiste, car il me semblait qu'il essayait de m'amener de force à faire ce que je ne voulais pas et qu'en fait je voulais de toutes mes forces.

C'est vers la fin de mon analyse que je me suis décidée à l'enseignement de la danse, parce qu'à 40 ans il m'était difficile de songer à autre chose. Je suis alors partie plusieurs mois en Asie pour me réadapter à la pratique de la danse. Ce fut très dur après quelques années d'arrêt.

C'est aussi à ce moment-là que j'ai rencontré mon mari qui était lui-même passionné par cette culture. Après un nouveau voyage je me suis mise à enseigner la danse et j'ai créé un centre culturel en France grâce à son soutien.

Une chose a été essentielle pour moi dans cette analyse : j'ai appris à écouter les autres alors que, de par ma nature trop introvertie, j'avais plutôt l'habitude de m'écouter moi-même.

Une grande partie du bien-être retrouvé relevait de l'équilibre entre le féminin et le masculin dans ma personnalité.

Au début de mon analyse, j'avais l'impression d'un grand vide à l'intérieur de moi, le sentiment de ne pas exister, d'être très malheureuse. À la fin, j'éprouvais une sensation de bien-être, de propreté intérieure. Je sentais en moi une grande harmonie et je caressais mon petit moi intérieur avec le sentiment qu'il était bien harmonisé, bien solide.

Maintenant je suis parfaitement heureuse, j'ai un métier qui me passionne, un mari qui m'apporte tout ce que je peux souhaiter. De plus, à 43 ans j'ai eu la joie de découvrir la maternité.

Le coin technique

Fonctions de l'esprit	Sentiment et Sensation dominants. L'ensemble des 4 fonctions est bien développé et bien utilisé
Introversion Extraversion	très dominante Sous-développée
Féminin et Masculin	Féminité sous-développée Animus débordant se développant dans le sens de l'agressivité. Encombrée par une assez forte volonté de puissance.
Caractère	émotif actif secondaire } Passionné

Quelques courts métrages psychanalytiques

On interrogeait un jour, à la télévision, un maître de la neurochirurgie, supposant qu'il savait tout sur les mystères du cerveau, de l'intelligence et de l'âme humaine. Il répondit avec simplicité qu'il savait exécuter avec précision un certain nombre d'interventions sur le cerveau mais que cela ne renseignait nullement sur les mystères de l'âme et de l'intelligence, et que rien, même, ne permettait d'affirmer que l'une et l'autre se situaient dans le cerveau.

Nous ne savons rien de plus sur l'origine de l'âme humaine et de l'intelligence, sinon en observer les effets et, comme le chirurgien, ni plus ni moins, nous parvenons à en réparer les pannes avec des interventions simples et précises, basées sur deux certitudes :

— celle de ne pas transformer des cas difficiles en labyrinthes inextricables ;

— et celle de trouver les solutions, souvent simples et rapides.

Les courts-métrages de ce chapitre l'illustreront, dans lesquels nous évoquons quelques cas relativement habituels où les problèmes sexuels, les enfants, l'asthme, l'agoraphobie, la claustrophobie, l'anorexie, la spasmophilie... sont traités à la lumière d'une explication très résumée.

Les problèmes sexuels

On peut comparer l'être humain à une machine électrique et, dans ce cas, ramener la sexualité à un problème de prise de courant, hypothèse qu'envisagent souvent les sexologues.

Notre expérience nous a montré depuis longtemps que si le courant ne passe pas, s'il passe mal, s'il y a des courts-circuits ou autres, c'est la plupart du temps, non pas à cause de la défectuosité de la prise, mais à cause d'un défaut de fonctionnement dans la centrale, ce qui nous ramène à une analyse des problèmes généraux de l'esprit.

C'est la raison pour laquelle, dans cet ouvrage, nous ne donnons pas une place particulière à la sexualité. Ajoutons seulement que la chimie inhibe tous les émois et, évidemment, désir et pouvoir sexuels.

Le problème sexuel n'est que la manifestation particulière du problème d'ensemble. C'est ainsi que l'impuissance sexuelle, par exemple, peut être le reflet d'une impuissance plus générale face à la vie, alors que le patient croit obstinément le contraire : c'est son impuissance sexuelle qui le laisse impuissant face à la vie.

Mais, de manière habituelle, les défauts de fonctionnement sont dus à une mauvaise utilisation du matériel psychique qui nous est livré sans mode d'emploi et dont la notice est infiniment plus subtile qu'on ne pourrait le penser.

En voici deux exemples :

Un patient, 35 ans, ingénieur mais non physiologiste, était impuissant. Aucun spécialiste consulté n'avait résolu le problème. Il était convaincu que le nombre de ses spermatozoïdes lui était compté et, dans un souci d'économie, inconscient, se refusait à faire l'amour.

Je reçus un jour une « demoiselle » d'une quarantaine d'années qui avait un ami qu'elle souhaitait épouser et dont toutes les tendres tentatives restaient vaines. Elle demeurait obstinément impénétrable.

J'aurais pu la faire s'allonger sur le divan, moi, bien entendu, derrière le divan, pour la faire accoucher, au fil des années, d'un complexe aussi obstructeur qu'inconscient. Je n'en fis rien, je l'ai fait asseoir face à moi et l'ai questionnée. Elle ignorait tout des hommes, de l'amour et de tout le reste... et son ignorance la terrorisait.

Je lui expliquai des choses simples, de l'ordre de ce que m'avait enseigné mon papa quand j'étais adolescent, agrémentées de quelques éléments de mon expérience personnelle.

Elle partit satisfaite, me téléphona quelques jours plus tard pour me remercier et, trois mois plus tard encore, pour me dire qu'elle venait de se marier.

Ce n'est pas là de la science, me direz-vous, ni de la psychanalyse, et encore moins de la science psychanalytique.

Et quel est donc le métier du scientifique si ce n'est de savoir observer la vie pour en déduire des principes de causes à effets et des lois ?

Henri Laborit disait lors d'une conférence : la science ne consiste pas à répéter ce que d'autres ont dit.

Les enfants

Le traitement des enfants que nous recevons est, la plupart du temps, d'une exceptionnelle rapidité si on le compare à ce qui se fait généralement ailleurs. On peut dire, toujours entre 3 et 10 séances.

Voici le cas de Murielle tel que le raconte sa mère.

Murielle, une sourde à l'oreille fine.

Les symptômes qui m'ont poussée à amener Murielle voir Yves m'ont été donnés par sa maîtresse : elle est hyper-timide, d'une très grande maladresse, très solitaire, toujours dans la lune ; elle a un très grand retard en français et en dessin ; elle ne comprend rien du tout à l'arithmétique.

La maîtresse m'avait, en outre, conseillé de consulter un spécialiste parce que Murielle semblait avoir des problèmes de surdité. Lorsqu'on lui parlait, elle n'entendait apparemment pas ou très mal. L'examen s'est révélé absolument négatif. Déjà, en maternelle, la maîtresse nous avait convoqués pour nous dire que Murielle avait des problèmes psychomoteurs.

J'avais moi-même fait une analyse avec Madeleine, huit ans auparavant. J'ai donc décidé d'amener Murielle voir Yves. Je le lui ai présenté comme un ami, l'ami des enfants, et puis quand elle a vu Madeleine, elle l'a trouvée très belle, c'était important pour elle, elle avait envie de la revoir et de revenir (nous habitons à 200 km de Paris).

Dès la première séance, Yves s'est rendu compte que Murielle était hyper-protégée, par moi bien entendu. Elle est l'aînée de trois enfants et il est vrai que j'avais toujours eu un regard particulier sur elle. Yves m'a recommandé de communiquer avec elle davantage sur la pensée et de la traiter comme une petite adulte.

Murielle a vu Yves quatre fois et les résultats ont été très spectaculaires : elle s'est adaptée parfaitement à sa classe, elle a fait de gros progrès en français et en dessin, en arithmétique aussi. Elle est maintenant gaie et dynamique, elle joue et rit avec ses petites camarades.

Auparavant, la maîtresse ou moi devions toujours être près d'elle pour la protéger, maintenant elle se débrouille toute seule, très bien. Elle n'a aucune problème de surdité ; il est frappant de voir comme un enfant n'entend pas parce qu'il ne veut pas entendre.

Pour conclure, je rapporterai les propos de sa maîtresse : « Murielle, je l'oublie parce qu'elle ne pose plus de problèmes. »

Alors que nous conversons comme deux grandes personnes, je me mets à parler d'arithmétique, Murielle ne m'entend plus. Je demande à Madeleine de venir faire du vacarme près de Murielle pendant que je parle toujours d'arithmétique, elle n'entend ni Madeleine ni moi. Je lui parle de petites autos, elle entend instantanément et discute.

Les parents ont vraiment toujours des idées toutes faites sur leurs enfants et ceux de Murielle avaient tapissé sa chambre des charmants posters de Barberousse, pour enfants, et la petite fille me confia « en grand secret pour ne pas faire de peine à maman » qu'elle aurait de beaucoup préféré des autos et des motos.

Ce court-métrage analytique montre que les enfants peuvent être capables de choisir ; aux adultes de savoir les entendre, les comprendre, les accepter.

Léa, une petite fille violée

Une petite fille a été violée. La famille, craignant un traumatisme, consulte un psychologue et elle « entre en analyse ». Sa mère stoppe après 150 séances.

150 séances d'analyse pour une petite fille de 9 ans !

Sa mère, soucieuse de cette brusque interruption, amène sa fille pour avoir l'avis de Madeleine sur ce cas angoissant.

Après l'avoir reçue, j'ai conseillé à la mère de l'envoyer jouer. On aviserait au cas où, plus tard, elle aurait des problèmes avec les garçons.

L'inquiétude des parents était légitime, les 150 séances d'analyse ne l'étaient pas.

Nous sommes en 1987. Madeleine a revu la mère de Léa qui lui a dit : « On n'a vraiment pas à s'inquiéter pour ma fille ; je peux t'assurer qu'il n'y a pas de problèmes avec les garçons. »

Dans de nombreux cas de ce genre, l'angoisse est infiniment plus importante dans la tête des adultes que dans celle des enfants, et souvent les « traumatismes » relèvent moins des événements que des réactions du milieu qui l'amplifie.

Chaque cas doit être examiné sans idée préconçue. Le pire pour les enfants n'est pas forcément un geste isolé mais plutôt les gestes « impudiques » répétés.

Jean-Paul, un enfant de 12 ans médicalement drogué depuis toujours

Depuis sa naissance, mon fils avait des difficultés. Tout bébé, il ne dormait pas, ne mangeait pas, et il a commencé sa vie avec des calmants.

Le début de sa scolarité s'était bien passé. Mais à partir de 8 ans il s'est mis à avoir des angoisses. Il restait brillant en français mais était incapable de faire un calcul de deux opérations.

Sur le conseil d'un psychologue, je l'ai conduit en consultation chez un neuropsychiatre. Celui-ci l'a mis sous traitement médicamenteux. Voilà un enfant qui vomissait tous ses repas, ne dormait pas. Il n'allait pas bien du tout et était incapable de travailler.

J'ai donc décidé de l'inscrire aux groupes d'enfants qu'Yves organisait le mercredi. Quel malheur de donner des drogues à un enfant qui vomit parce qu'il a des systèmes éducatifs trop rigides, m'a-t-on dit !

Au début, il râlait beaucoup. En effet, participer à un

groupe représentait : prendre le train le mercredi matin à 7 heures, assister au groupe de 14 à 16 heures, reprendre le train à 17 heures, pour arriver à la maison vers 23 heures et le lendemain... école.

Mais peu à peu il s'est passionné pour ce travail psychologique. Il revenait parfois en me disant : « Tu sais, maman, aujourd'hui j'ai pu analyser un rêve, on m'a dit que c'était drôlement bien observé. » Quand, après deux ans il a dû arrêter parce qu'il avait des cours le mercredi, il était désolé.

Peu de temps après le début de traitement, le médecin a jugé bon de supprimer les médicaments. Il n'en a plus jamais été question.

Aujourd'hui, il a 19 ans c'est un garçon tout à fait épanoui, heureux de vivre et il reconnaît que ces deux années d'analyse d'enfant ont vraiment été un tournant dans sa vie d'adolescent.

L'asthme

Les manifestations de l'asthme vont de l'essoufflement chronique à la quasi-impossibilité de respirer. L'individu se sent étouffer. Dans la presque-totalité des cas, il est effectivement oppressé, étouffé par la vie, ou a découvert le moyen de s'oppresser ou de s'étouffer lui-même.

Raoul, le souffle de l'accordéon

Un monsieur, 65 ans, à la retraite, est suivi depuis de nombreuses années par un grand nombre de spécialistes de l'asthme et des allergies.

De notre examen, il résulte qu'il s'était essoufflé à vouloir gravir les échelons de sa profession à une vitesse supérieure à celle permise par les moyens dont il disposait.

À la retraite, il est, en plus, étouffé par la culpabilité de n'y être pas parvenu.

Il avait toujours aimé la musique et notamment l'accordéon. Je lui conseillai donc de jouer de l'accordéon. Le plaisir qu'il y prit réduisit immédiatement son asthme de moitié, mais, comme il se refusait à voir les rapports qui existaient entre la diminution de son essoufflement, l'accordéon et le traitement, il interrompit ce dernier à peine commencé, jurant à qui voulait l'entendre que j'étais le plus grand psychanalyste, mais que son cas ne rentrait pas dans le champ de la psychanalyse.

Cet exemple que l'on pourrait prendre pour une plaisanterie est rigoureusement véridique, accordéon compris. Il fait partie du cadre général, non de nos succès, mais de nos échecs, car le patient a interrompu son traitement, et, même si son asthme a régressé, il est resté asthmatique.

André, un enfant oppressé par ses loisirs

André, 10 ans, a de l'asthme depuis son enfance. On découvre dès le premier entretien qu'il est oppressé par des événements de sa vie ; il est oppressé, par exemple, par le scoutisme qu'il n'aime pas et qui lui « mange » tous ses loisirs. On le retire des scouts, il n'a plus d'asthme. Par la suite, il lui est arrivé d'être oppressé par d'autres événements, les crises sont jugulées en dix minutes de conversation, et même par téléphone, les parents ayant déménagé en province. Petite remarque : ce n'est pas, bien entendu, le scoutisme qui était responsable de l'asthme, mais le goût qu'il n'avait pas pour le scoutisme.

L'agoraphobie — la claustrophobie ou la panne d'éclairage

L'agoraphobie est un malaise que l'on ressent quand on est dehors, et la claustrophobie le malaise que l'on ressent quand on est enfermé (chez soi, dans le métro, au cinéma, etc.).

Généralement, les deux troubles cohabitent, ce qui laisse peu de portes de sortie pour échapper à l'angoisse, ou plutôt aux angoisses qui apparaissent inexplicables.

Le terme « porte de sortie » est choisi intentionnellement puisque, lorsqu'il est dans une salle de spectacle, le claustrophobe-agoraphobe se place toujours près d'une porte de sortie pour échapper à un danger sans visage. Ce trouble est cousin germain d'un autre qui interdit tout voyage, le patient « pouvant tomber malade » loin de chez lui...

Ces troubles traduisent la difficulté, plus ou moins grande, qu'a le patient à se situer dans l'univers extérieur ou dans son univers intérieur.

Tout se passe comme si la grande centrale psychique n'alimentait plus la lumière de l'appartement (pour le claustrophobe) et les phares de l'automobile sur la route, la nuit (pour l'agoraphobe).

Le plus généralement, une révision de l'ensemble des circuits est nécessaire, mais la remise en place de quelques plombs — dans la tête — suffit souvent à redonner la lumière.

Les deux phénomènes se rattachent à ces attitudes enfantines que sont la peur du noir et la peur de se retrouver tout seul dans la rue.

Je reçus une femme de 35 ans qui était incapable de sortir de chez elle non accompagnée. Depuis longtemps, elle se faisait soigner en vain.

Le mystère de cette mystérieuse pathologie était bien peu profond mais l'explication et la compréhension remontaient cependant à plusieurs années. Elle avait si bien perdu l'habitude de sortir et de prendre sa voiture, parce que cela l'ennuyait, qu'elle était tombée dans l'incapacité presque totale de le faire.

Elle comprit le processus de sa régression et accepta l'idée que, pour en sortir, il fallait faire des efforts inverses. Elle le comprit si bien et si profondément que, quarante-huit heures plus tard, avec un gros effort, et encore « paniquée », elle prenait sa voiture, le soir, et venait, seule, assister à une conférence.

Ce court-métrage est, bien sûr, exceptionnellement court.

Là, plus que jamais, on nous dira que ce n'est pas de la psychanalyse mais tout simplement de la *thérapie comportementale* qui consiste à traiter certains troubles de comportement par une modification du comportement (extérieur) sans avoir nécessairement analysé ce qui se passe à l'intérieur de l'esprit.

Or, avec cette dame, nous avons fait l'inverse. C'est, en effet, la compréhension, par le patient, de ce qui se passe à l'intérieur de son esprit, c'est-à-dire la compréhension de l'origine de ses troubles, qui l'incite à modifier son comportement extérieur.

Martine, 24 ans, étudiante, ne peut plus sortir qu'avec des angoisses intolérables, si fortes qu'elle a abandonné presque tous ses cours. Son père, médecin, la soigne sans succès.

Quand on lui demande en groupe : qu'est-ce que le métro ? et qu'est-ce que la rue ? elle est incapable de répondre autre chose que : « Je ne sais pas. » On la presse de questions jusqu'à la faire pleurer et, au milieu de ses larmes, elle arrive à dire : « Le métro, c'est sale, ça sent mauvais, on y respire mal, on ne voit même pas un coin de ciel bleu, y a pas de portes, y a pas de fenêtres, y a plein de monde... La rue : c'est sale, ça grouille, les gens sont moches, mal habillés, les maisons sont laides... »

Les phares de son esprit n'éclairent plus ni le métro ni la rue ; elle n'exprime que ce qu'elle ressent à l'intérieur d'elle.

Elle commença à remettre l'éclairage elle-même en « se creusant » la tête pour répondre à nos nouvelles questions : ça, c'est ce que tu ressens à propos du métro, mais qu'est-ce que le métro ? à quoi ça sert ? « C'est un moyen de transport, pratique parce que ça va vite... » Et la rue ? « C'est celle où j'habite, un quartier assez pauvre, je suis étudiante, j'ai pas beaucoup de sous, etc. »

De la subjectivité liée à son ressenti, elle passe peu à peu à l'objectivité.

Un exemple qui n'est pas encore de l'agoraphobie mais aurait pu le devenir à brève échéance va permettre d'expliquer les deux précédents.

Mauricette commence à n'être pas très bien dans le métro. Elle ne veut pas regarder « les gens » et tricote sans lever les yeux pour tenter d'échapper à son malaise.

On lui demande de parler de « ces gens » ; elle en est incapable, évidemment, puisqu'elle ne les voit pas. On lui propose alors, tout en gardant son tricot pour se rassurer, d'essayer de regarder un peu plus haut que ses genoux et de nous dire, à sa prochaine séance, ce qu'elle aura vu. Elle nous a ainsi rapporté quelques anecdotes amusantes, mais il a tout de même fallu quelques mois de travail psychologique pour venir à bout du problème.

L'anorexie
valeur nutritive de l'affection

L'anorexie se caractérise par un refus de s'alimenter, ou une impossibilité à digérer ou à assimiler. Son contraire, la boulimie, consiste à manger, manger, manger... sans limites.

Sylvie à 16 ans. Elle est amenée à Madeleine, « en cachette », par une infirmière du service où elle est soignée. Elle est anorexique, mesure 1,64 m et pèse 32 kilos. Elle a été trois fois en réanimation à cause de son état de faiblesse. Elle est « internée », c'est-à-dire enfermée, seule dans une chambre, avec un lit, une table, un seau hygiénique ; sur la table, un plateau de nourriture qui se veut appétissante. On attend patiemment que manger soit son seul plaisir et son remède à l'ennui.

Son infirmière me précise les consignes en vigueur : le personnel ne doit pas tutoyer les adolescents, et encore moins leur manifester de l'affection. Il est convenu avec l'infirmière qu'elle me l'amènera tous les quinze jours pour participer à un groupe, mais toujours « en cachette » bien entendu.

Sylvie raconte ses malheurs d'enfant mal aimée et trop tôt responsable de ses six frères et sœurs plus jeunes. Après chaque séance, elle vient s'asseoir à côté de moi, pose sa tête sur mon épaule et je mets mon bras autour de ses épaules pendant que le groupe continue.

Trois mois plus tard, elle a pris 10 kilos. Je luis dis en riant : « Fais attention, tu commences à t'arrondir », elle me répond : « Ça m'est bien égal, je suis tellement heureuse, comme je ne l'ai jamais été, on verra plus tard. »

Elle a quitté son établissement, choisi d'aller chez ses parents et demandé à travailler.

L'anorexie est le résultat d'un dégoût de la vie qui se traduit au niveau des aliments, et l'anorexique a, dans la plupart des cas, un double besoin très fort, très profond et très inconscient d'être aimé et surtout compris.

Dans la boulimie, les appétits de vivre ne sont pas morts ; ils sont, ou sont devenus, inconscients, et ne se manifestent au niveau conscient que sous la forme d'un appétit vorace.

La spasmophilie

Denise, un mal mystérieux sans mystère. 44 ans, mariée, une fille, commerçante. Entretien de septembre 1987

Lorsque je suis venue en 1984, j'avais des crises de spasmophilie depuis 1975, environ deux ou trois par semaine.

Je me tétanisais, j'avais les doigts qui se recroquevillaient, la bouche serrée, les mâchoires crispées, des palpitations, mon cœur a été chronométré à 170 pulsations/minute, j'avais des « fourmis » dans les bras...

Quand je faisais une crise, on appelait bien entendu le médecin. Il me faisait une piqûre de Calcibronat en intraveineuse. On m'a fait aussi des injections de tranquillisants mais l'effet a été inverse : j'étais très excitée, je faisais toute la nuit des bonds dans le lit, ce qui veut dire que je ne dormais pas, j'étais super-électrique. Un grand professeur m'avait aussi dit de respirer dans un sac en plastique pour réabsorber mon gaz carbonique. Je ne sais pas si c'était le gaz carbonique qui me faisait de l'effet ou le contraste entre le remède et le prix élevé de la consultation qui me faisait rire, mais je riais et ça me distrayait de mes préoccupations organiques pendant un temps, mais ça n'empêchait tout de même pas les crises.

Ma première crise, je l'ai eue un an jour pour jour après la mort de ma mère. Pendant ces années, j'ai consulté divers médecins qui m'ont prescrit ce que l'on prescrit habituellement : du calcium, du magnésium et des tranquillisants. Je ne pouvais plus dormir, je prenais des somnifères ; j'ai commencé par des doses faibles et j'étais arrivée à des doses très fortes. J'ai eu peur, je pensais que ce n'était pas normal.

À partir de la première séance où Madeleine m'a expliqué les mécanismes de mes crises, je n'en ai plus jamais eu une seule jusqu'à aujourd'hui, quatre ans plus tard, et ceci sans l'aide d'aucun médicament.

Je suis allée voir deux fois le psychiatre de l'équipe Dienal pour qu'il prenne en charge mes médicaments et mes insomnies.

Les médicaments, je les ai arrêtés du jour au lendemain. Quant aux somnifères, le médecin m'a dit que personne ne pouvait vivre sans dormir mais qu'il pensait que, moi, je pouvais me passer de médicaments. Il m'a expliqué que, la première nuit, je ne dormirais pas, la deuxième non plus, la troisième serait sans doute pareille mais que la quatrième, je devrais dormir. En effet, les trois premières nuits je n'ai pas dormi et mon mari était très inquiet. Moi, je me rassurais avec ce que le médecin m'avait dit et je tenais bon.

Les premières semaines ont été dures mais je n'étais pas fatiguée en ne dormant pas très bien. J'avais quelques légers tremblements comme quelqu'un qui s'est drogué et qui est en manque. Ma drogue à moi, c'était ma pilule pour dormir et je suis sûre que si l'on m'avait donné un placebo, le résultat aurait été le même. C'est mon côté un peu naïf qui croit ce qu'on lui dit.

Mais j'avais décidé de ne plus être dépendante des médicaments. Je n'y suis parvenue que parce que je faisais mon travail psychologique en même temps.

J'ai été élevée dans une famille où l'on s'aimait beaucoup ; j'aime les autres, j'aime les contacts avec eux ; mes parents qui s'aimaient beaucoup m'avaient appris l'amour et l'harmonie ; je me suis mariée dans l'ignorance de la méchanceté. J'attendais de ma belle-famille ce que j'avais connu dans la mienne. Yves dit souvent que le pire des traumatismes c'est de n'en avoir jamais eu, alors moi, si ma belle-mère n'avait pas été gentille, si ma belle-sœur m'avait dit un mot désagréable, j'avais beaucoup de peine, j'étais très malheureuse, je commençais à me sentir mal et je glissais vers la crise.

Je somatisais, en somme, mon refus de la réalité. Je ne refusais pas vraiment la réalité, je ne la voyais pas comme telle, je ne voyais que mon désir, celui-ci ne se réalisant pas, c'était la crise.

En analyse, j'ai découvert qui était devant moi, qui étaient ces deux femmes plutôt méchantes qu'aimantes, je ne leur en veux pas, elles sont ainsi, elles ne peuvent pas donner ce qu'elles n'ont pas. J'ai compris que cela ne changerait pas.

Accepter les choses, les événements, les êtres tels qu'ils sont, ne s'est pas fait en un jour ; ça s'apprend, ça prend du temps et quelquefois ça fait très mal.

À vous, cela paraît peut-être évident, mais quand on ne voit pas cette évidence, c'est le conflit.

Aujourd'hui, dès que je commence à avoir quelques tremblements, des battements dans les tempes, des picotements dans les bras, des palpitations, je me sens un peu fébrile avec le petit nœud de l'angoisse (dû à ma très grande émotivité et à mes réactions primaires), je commence à analyser ma situation, ce qui me gêne, me contrarie et, en trouvant, j'évite la crise.

Au début, je n'y arrivais pas toute seule, je téléphonais à Madeleine et, en moins de cinq minutes, tout était rentré dans l'ordre ; maintenant, je n'ai plus jamais, jamais, besoin d'aide.

Je continue mon analyse parce que j'apprends beaucoup sur la vie, sur les autres, sur moi, aussi beaucoup des autres.

J'ai appris à bien connaître les personnalités de mon mari et de ma fille sans attendre qu'ils soient différents de ce qu'ils sont, ce qui me permet de résoudre diplomatiquement les conflits entre l'un et l'autre. J'ai une profession astreignante et je trouve dans les groupes une ouverture sur la vie qui m'aère.

Pour mémoire : crises de spasmophilie traitées sans succès pendant neuf ans.

Depuis la première séance d'analyse, pas une seule crise ; cela depuis cinq ans.

Une autre patiente, Laurence, dans le même groupe que Denise, a de fréquentes syncopes. Elle a, de plus, toutes sortes de somatisations et des douleurs de dos depuis une dizaine d'années. Médecine et psychanalyse n'ont rien changé à tout cela.

Elle a « fait » quatre ans de divan durant lesquels elle a exprimé sa rage contre ses parents qui ne sont pas conformes à ses exigences. Après quatre années de tempête, je ne me suis pas attardée à ses désirs contrariés mais l'ai « obligée » à me décrire cet homme et cette femme qui se trouvent être ses parents. À la troisième séance, je la vois tout d'un coup s'immobiliser, réfléchir longuement ; elle devient rayonnante et me dit : « Mais ce sont des monstres d'égoïsme. »

Quinze jours plus tard, elle est revenue en nous disant qu'elle se sentait très heureuse depuis deux semaines, qu'elle n'avait pas souffert une seule fois de son dos ; d'autres symptômes semblaient aussi avoir disparu.

Bien sûr, elle avait déjà exprimé ses mécontentements sur le divan, mais pendant quatre ans, c'est inacceptable !

« Depuis le temps que je me fais soigner, nous a-t-elle dit, *personne ne m'a jamais demandé comment étaient mes parents.* »

Ce qui montre à quel point le bon sens a déserté l'univers psy.

Actuellement, la médecine considère la spasmophilie comme un trouble à origine organique lié à un manque de calcium, magnésium ou autre.

Depuis plus de vingt ans, nous pouvons témoigner que *l'origine de la spasmophilie est psychologique.* Lorsque le problème psychologique a été résolu, le patient ne fait plus de crise et son taux de magnésium tend vers la normale.

Un congrès de médecine psychosomatique en 1986 le confirmait en admettant que la fixation de magnésium variait en fonction de l'état psychologique.

La crise se construit toujours autour d'un conflit *inconscient* entre ce que veut le patient et l'impossibilité (ou le refus) de voir que la réalité ne peut satisfaire son désir. Sans un apprentissage analytique, il ne parvient jamais seul à voir la dualité des éléments du conflit, pas plus que le rapport existant entre ces éléments du conflit et ses troubles.

S'il établissait consciemment la relation, il n'y aurait pas de crise. Le refus des crises et l'inquiétude provoquée par ces crises créent un nouveau conflit.

Les praticiens, dans l'ensemble, ne voient pas davantage

ce jeu des conflits puisque, au lieu d'éclairer le patient, ils prescrivent des médicaments.

On pourrait dire qu'il est beaucoup plus simple et beaucoup moins coûteux de prendre du magnésium, mais celui-ci stoppe les crises sans pour autant réparer les désordres psychologiques. De plus, le traitement médicamenteux des troubles polarise le patient sur ceux-ci, devenus maladie, et l'éloigne tant de la compréhension que de la guérison.

TROISIÈME PARTIE

L'HORREUR DE LA DÉTRESSE SANS ESPOIR et de l'acharnement pseudo-thérapeutique

Nous pouvons traiter certains problèmes psychologiques comme des comédies bouffonnes dans lesquelles l'effet comique est obtenu par le contraste entre la gravité des symptômes et l'évidence des solutions. Cela vaut bien l'histoire du monsieur qui se présente chez le podologue parce qu'il a trop mal aux pieds et ne peut plus marcher. Et le praticien dit : « Vous ne pouvez plus marcher parce que vous avez interverti vos chaussures. »

Nous pouvons rire de bon cœur des travers de nos semblables qui conduisent à la souffrance, et même rire de la souffrance elle-même, dans la mesure ou nous savons la guérir et vite. Mais quand la souffrance est sans solution, sans issue, sans espoir, elle est la plus horrible des tragédies.

Cette tragédie de la souffrance avec toute son horreur, nous la mettons en finale, pour rappeler qu'au-delà de l'appréciation ou de la dépréciation intellectuelles de nos théories, l'enjeu est la fin de l'horreur.

CLAUDINE

Anorexie — dépression

le sentiment toujours en cause

Mariée, 2 enfants, professeur de mathématiques, 40 ans lors de l'interview en 1981

PSYCHIATRIE

de 1962 à 1974 : de 21 à 33 ans (douze ans)

Diagnostic : dépression

1962 premiers symptômes : amaigrissement brutal jusqu'à anorexie
1re hospitalisation en service diététique
Résultat : aucun

1962 à 1971 consulte régulièrement un psychiatre
Résultat : pas d'amélioration
toujours anorexie

1971 forte dépression
Traitement : chimiothérapie : calmants et antidépresseurs
Résultat : pas d'amélioration
Traitement : augmentation de la chimiothérapie

Deux mois plus tard
2e hospitalisation en psychiatrie (un mois et demi)
Traitement : cure de sommeil
électrochocs
chimiothérapie

Maison de repos
Retour à la maison
Résultat : aggravation de l'état général
incapacité de travailler
dégradation de la vie familiale

3e hospitalisation

Ceci jusqu'en 1974
et pour terminer cette phrase du psychiatre : « Je ne peux plus rien pour vous, ce n'est plus la peine que vous reveniez. »

En 1962, nous revenions d'Algérie, ça avait été une dure épreuve. Arrivés à Paris nous avons eu pas mal de coups durs et il y a eu la naissance de ma fille.

Brusquement je me suis mise à maigrir. Amaigrissement brutal dû, pour tous, au fait que je ne voulais pas manger. La solution paraissait simple et évidente : si je mangeais, j'irais mieux.

Pendant une année, j'ai, non pas vécu, mais survécu ; je voyais les autres vivre, je faisais semblant de jouer le même jeu, mais j'y arrivais de moins en moins. Je continuais à maigrir et, là, j'ai eu ma première hospitalisation dans un service de diététique. J'ai subi toutes sortes d'examens, bien sûr on ne m'a rien trouvé.

De retour à la maison j'ai été suivie pendant un an par un médecin de Paris. Une année pendant laquelle je me déplaçais régulièrement de D. à Paris. Je dépensais un argent fou... pour rien. Je n'ai rien dit, rien appris... je n'ai pas pris un gramme, je n'étais pas mieux. Alors, découragée, j'ai cessé de voir ce médecin et j'ai vécu tant bien que mal, plutôt mal d'ailleurs, jusqu'en 1971.

En 1971 j'ai recommencé à me trouver vraiment mal dans ma peau. J'étais fatiguée, je dormais mal ; le médecin consulté a commencé à me donner quelques antidépresseurs et somnifères assez anodins. Je n'étais toujours pas mieux, alors il m'a ordonné des médicaments plus forts et en plus grande quantité. Au bout de deux mois, ne voyant aucune amélioration, il m'a adressée à un neurologue.

Celui-ci ne m'a fait faire aucun examen, je lui ai simplement dit que je me sentais mal et que je ne dormais pas. Il m'a prescrit alors le « grand traitement ».

Un soir où j'étais mal, couchée, avec de la fièvre, on m'a fait entrer en clinique psychiatrique. J'y suis restée un mois et demi. Pendant cette hospitalisation on m'a fait faire une cure de sommeil, puis j'ai eu des électrochocs et des médicaments. Après avoir subi ces électrochocs j'ai traversé une période pendant laquelle je ne reconnaissais même plus ma fille. J'ai ensuite passé un mois en maison de repos.

Ce séjour en maison de repos a été pour moi quelque chose d'affreux, j'avais le sentiment d'être dans un « camp de femmes ». On nous surveillait pour que l'on prenne bien les médicaments. Le matin il y avait la gymnastique ; l'après-midi la promenade et l'atelier. Je suis sortie de là beaucoup plus mal que j'y étais entrée.

À ce moment je commençais à prendre conscience que tout ce que j'endurais ne servait à rien, rien ! Évidemment on essayait de me convaincre que j'allais mieux, mais moi j'étais très mal, plongée dans une angoisse permanente.

Bien sûr, je ne travaillais plus et j'avais l'impression que ma vie était finie ; j'étais lucide mais coupée de tous et de tout. Je ressentais l'abandon, l'isolement, et je n'étais pas capable de recevoir.

La vie à la maison devenait insupportable, je n'avais qu'une envie, me soustraire aux autres, si bien qu'en dépit de mon horreur pour la clinique j'ai supplié, vraiment supplié qu'on m'y ramène tout de suite. J'y suis restée un mois et demi, dans une chambre fermée à clé, sans aucun objet personnel. J'ai eu des perfusions et des tranquillisants. Toute la journée j'attendais la visite des médecins. Savez-vous ce que c'est qu'attendre une journée entière pour pouvoir parler, pour avoir l'occasion de dire un mot ? Les médecins passaient, c'était tout, et quand j'insistais pour leur parler j'avais droit à la « piqûre qui allait me détendre » !

De retour à la maison, j'ai essayé de reprendre mon travail d'enseignante avec toute ma gamme de médicaments. Mes amies étaient effrayées lorsqu'elles voyaient tout ce que je prenais, et moi j'étais malade à l'idée d'en oublier un. Lorsque je me déplaçais pour trois jours, je partais avec « ma valise de médicaments ».

Ensuite je suis allée voir une femme médecin. C'était une femme très froide, qui me faisait l'effet d'un parapluie fermé, mais elle me permettait de parler, et cela me semblait merveilleux comparé au silence de la clinique. À partir de ce moment-là, j'ai eu des hauts et des bas. Suivant mon état, elle diminuait ou augmentait mon traitement.

J'avais l'impression d'être mieux puisque je travaillais. Seulement, quand je rentrais chez moi à 16 h 30, je fermais mon verrou, j'allais dans ma chambre, je fermais les rideaux et je restais là, dans le noir, jusqu'au soir. J'avais perdu tout contact, toute sensation, rien ne me faisait plaisir. J'avais l'impression que ma vie serait toujours cet enfer, c'était affreux !

Et puis un jour ce docteur m'a dit : « Je ne peux plus rien faire pour vous, ce n'est pas la peine que vous reveniez » et elle m'a donné l'adresse des Dienal.

J'y suis allée comme je serais allée n'importe où, voir n'importe qui. Je ne croyais plus à rien et je me laissais porter.

Je peux dire, avec le recul, que je n'ai pas fait cette analyse sérieusement. Pendant toute une période je suis venue, non pour ce que Madeleine me disait, mais parce qu'elle m'écoutait, parce qu'elle me parlait. J'étais tellement avide de ce contact dont j'avais été frustrée pendant toutes ces années.

Assister aux groupes fait partie du traitement, j'y suis donc venue mais j'y étais très malheureuse. J'étais malheureuse parce que je n'avais pas mon analyste pour moi seule. Je me sentais très frustrée, si bien que je me suis fermée et que j'ai très mal vécu ces groupes.

À un certain moment je me suis dit : « Il faut que je prenne mon indépendance vis-à-vis de Madeleine. » J'avais des rapports très affectueux avec elle, je la sentais très proche, je lui racontais beaucoup de choses. Je suis donc allée chez Yves. Je savais que, de par son caractère, le style était différent. Je me sentais mieux, mais mon problème affectif n'était pas résolu car je me suis véritablement butée, j'avais l'impression qu'il ne s'occupait pas de moi, je me sentais frustrée, volée... Alors à part cela, comme je me sentais bien j'ai tout arrêté.

J'ai dit que j'avais conscience de n'avoir pas fait une analyse sérieuse et, pourtant, maintenant j'utilise tout ce que l'on m'a appris, je réfléchis, j'essaie de comprendre.

J'ai encore des moments d'angoisse mais je ne me laisse pas aller. Je sais que c'est un mauvais moment et je réagis assez vite. Je cherche les causes, j'arrive à bien analyser les situations, à faire la part des choses, la part de mes désirs et des réalités.

Je prenais mal les groupes et pourtant je réalise qu'ils m'ont appris à écouter les autres. Je m'en aperçois au travail, dans mon cercle d'amis, dans la mesure où je suis celle vers qui on vient. Je suis l'oreille. Je ne conseille pas mais j'aide les autres à réfléchir comme je l'ai appris.

À propos des médicaments, je voudrais préciser que lorsque je suis venue en analyse j'étais très droguée et j'avais très peur de les lâcher. Quand les vacances d'été 1975 sont arrivées je me sentais assez forte et je les ai supprimés de mon propre chef, presque d'un seul coup. Mon entourage pensait que j'allais trop vite mais j'ai tenu bon.

Pour résumer la situation je dirai que maintenant je vis. Je vis avec tout ce que cela peut avoir de merveilleux et en même temps de problèmes.

J'ai retrouvé toutes mes sensations. Je ne suis peut-être pas moins malheureuse que les autres mais souvent j'arrive à être plus heureuse car je sais voir, sentir ce qu'il y a de bon, de positif chez l'autre, autour de moi et dans toute la vie.

Je n'oublie pas ces années d'enfer, cela n'est pas possible, mais je les considère maintenant comme une expérience de vie très enrichissante.

Le travail que j'ai fait n'est qu'un début sur un long chemin, celui de la connaissance de soi, de l'autre, de la vie. Ce travail psychologique ne représente pas un moment où je me suis soignée mais un point de départ.

Mon regret, je l'ai dit, c'est de n'avoir pas profité des groupes au maximum. Pour l'instant j'ai quelques problèmes mais je suis bien décidée à y retourner. Je sais que maintenant j'y assisterai avec une autre optique et qu'ils m'apporteront beaucoup.

Médecine, psychiatrie, psychanalyse, psychothérapies diverses sont souvent bien empêtrées par les problèmes que leur posent le sentiment et l'affection, au point que certains, comme nous venons de le voir, n'hésitent pas à traiter une frustration affective par des électrochocs.

Où est la limite décente entre un traitement psychologique et une affection avouée ?

Certains diraient que l'attachement de Claudine à Madeleine est un transfert : ce n'est pas un transfert, c'est un besoin d'affection réel. Ce besoin d'affection et cette affection que lui donnait Madeleine étaient le raccourci de l'origine de la pathologie et de son remède. Ce processus était le même pour Sylvie l'anorexique.

Si l'on accepte la notion de transfert, nous dirons que Claudine l'a liquidé en se libérant elle-même de son analyste, alors que tant de patients restent « collés » au leur, et englués dans une analyse qui ne leur apporte rien, en tout cas ni la maturité, ni l'indépendance de l'adulte, ni le bien-être.

Pour nous, la frustration affective ne peut être comblée que par de l'affection qui apprend au patient ce qu'est l'affection et comment la trouver.

Les situations peuvent, parfois, être épineuses. Voilà ce qui advint à un psychologue patenté qui travaillait en hôpital.

Responsable d'une jeune fille schizophrène qui se refusait absolument à parler, il entra un jour dans son bureau ; elle l'attendait, un bouquet de fleurs à la main et se mit à parler, faisant à notre psychologue des « avances » sans équivoque.

Il avait là le fil directeur d'un début de guérison. Apeuré par la situation, il la « dénonça » au médecin, chef de service, qui prit les mesures qui « s'imposaient », et elle retourna dans son mutisme.

Fallait-il qu'il fît l'amour avec elle ? Sûrement pas en la situation, mais il eût été bon, s'il en était capable, d'établir une relation affective, même affectueuse, réelle.

Les désirs affectifs, les désirs amoureux font partie de la vie ; ils ne sont pas des maladies.

Pour mémoire : psychiatrie, douze ans

PSYCHIATRIE PSYCHANALYTIQUE

1974-1976	deux ans d'analyse	
	Résultat :	arrêt des médicaments reprend rapidement son travail aucune hospitalisation jusqu'à ce jour de 1987 se dit satisfaite de son état psychologique

Le coin technique

Fonctions de l'esprit	La Pensée mathématique était incapable d'assister le Sentiment immense, frustré et avide d'une toute petite fille
Introversion Extraversion	légèrement prédominante
Masculin Féminin	Animus impuissant. Féminité désespérée

ROSINE

« Pendant trente ans j'ai appelé au secours »

Médecin, célibataire, 54 ans lors de l'interview en 1987

Toute ma vie, j'ai cherché quelqu'un qui puisse m'aider, toute ma vie j'ai lancé des appels au secours, j'ai consulté des psychologues, des psychanalystes, des psychiatres car j'étais dans un état de grande souffrance depuis l'enfance. Aucun n'avait eu la compétence pour m'aider.

Toute petite, je souffrais, je pleurais tous les jours. Je me souviens que ma mère préparait tous les soirs une petite assiette avec un liquide pour baigner mes yeux car j'avais les yeux tout rouges.

Plus tard, j'ai fait une analyse jungienne pendant quatre ans, puis une psychothérapie pendant également quatre ans sans que mon état de souffrance ne s'améliore. L'analyste jungienne, de par sa gentillesse et sa bienveillance, avait été un soutien pour moi, mais sans plus.

J'étais dans un état de souffrance à peu près permanent. J'avais des crises d'angoisse telles que j'étais obligée de sortir dans la rue. Là au moins il y avait des gens et je marchais, je marchais, pendant des heures, ça me calmait un peu. Je prenais d'ailleurs quelques tranquillisants pour ces angoisses. Je prenais également un médicament qui calmait les crises abdominales que j'avais très souvent.

Il m'est arrivé aussi d'être incapable de marcher et de rester « clouée » à la maison pendant une semaine, je ne comprenais pas ce qui m'arrivait. Au début, j'ai eu peur, j'ai cru que j'avais une maladie et j'ai fait faire toutes sortes d'analyses.

À la même époque je préparais des examens ; incapable de travailler seule à la maison, j'allais quelquefois à la bibliothèque ; là, entourée de gens, dans une atmosphère de travail, je pouvais un peu étudier, et pourtant il m'est arrivé à deux reprises d'entrer et de ne même plus pouvoir aller jusqu'à une table, c'est-à-dire qu'à deux reprises, je m'en souviens, je me suis assise par terre, incapable de bouger.

Monter les escaliers était pour moi également très pénible.

Je ne comprenais rien à tout cela, car j'avais toujours eu une bonne santé, je suis sportive, j'ai fait du karaté sans problèmes.

J'avais une incapacité totale à vivre une situation heureuse ; je ne supportais pas la gentillesse, je ne supportais pas que l'on s'occupe de moi gentiment. Dès que quelqu'un était gentil avec moi, j'avais une crise abdominale intense, à tel point que, par deux fois, j'ai dû être hospitalisée en urgence en service de chirurgie car on craignait une péritonite.

Paradoxalement, je ne supportais pas non plus qu'on ne soit pas gentil ; une simple remarque désobligeante (du moins le croyais-je), un regard qui me paraissait un peu agressif, le simple fait qu'on ne me dise pas bonjour, tout cela m'atteignait profondément et, rentrée chez moi, je pleurais, je pleurais... Ma vie était devenue absolument intolérable puisque je ne supportais ni les situations de bonheur ou de simple tranquillité, ni l'agressivité. En fait, je ne supportais rien. Mes amis ne comprenaient rien ; ils étaient navrés et personne ne pouvait rien faire pour moi.

Après la mort de mes parents en 1975, j'ai eu des hallucinations. La nuit, j'entendais les cloches de mon village, et cela très, très souvent ; curieusement, c'étaient des cloches de Pâques, des cloches joyeuses. J'ai eu également des hallucinations olfactives, mais celles-ci étaient peu fréquentes. Ce qui était fréquent, c'était d'entendre les cloches la nuit.

C'est à ce moment que je suis allée voir un psychiatre à Sainte-Anne ; il m'a fait faire de la gymnastique dans le cadre de l'hôpital. J'avais également des entretiens avec lui.

Tout cela me maintenait comme on maintient « en vie » artificiellement avec des appareils.

J'étais dans un état d'aboulie tel que je ne pouvais pratiquement plus travailler. Je vivais de deux nuits de garde par semaine dans un service hospitalier et de quelques articles pour un journal médical. Les gardes, j'y allais parce que je m'y sentais obligée, mais les articles, j'avais beaucoup de mal à les écrire.

Quand j'ai rencontré Yves Dienal j'étais pigiste pour un journal médical et j'avais été envoyée par celui-ci pour faire un article sur ses conférences. Tout de suite, je me suis dit que j'avais bien besoin de le voir pour moi et, deux jours plus tard, je prenais rendez-vous. Je me souviens l'avoir appelé vers 18 heures et il m'a dit : « Venez tout de suite. » Je suis arrivée chez lui, je croyais venir pour une séance individuelle mais c'est à une séance de groupe qu'il me fit participer.

Dès les premiers instants, j'ai été impressionnée, bouleversée par cette présence de huit personnes que j'ai trouvées très attentives et bienveillantes. Et, en même temps, j'ai senti qu'il y avait une technique, qu'on ne perdait pas son temps en vagues réflexions philosophiques.

Je me souviens de ce premier groupe. J'ai étalé mes souffrances, mes angoisses, le fait que je pleurais tout le temps, que je ne pouvais plus travailler et j'ai dit : « Je suis incapable de faire un choix. » « Un choix entre quoi et quoi ? » m'a demandé celle qui m'analysait. J'étais incapable de répondre et, comme elle insistait, j'ai fini pas répondre : « Entre la vie et la mort. »

Peu à peu j'ai appris à me connaître et à m'utiliser. J'ai pu, par exemple, m'exercer à ne plus souffrir dans des situations heureuses, c'est-à-dire à les vivre comme des plaisirs. Ceci m'a pris un certain temps mais j'ai compris que, dans mon enfance, n'ayant jamais été heureuse, je n'étais pas dans mon élément dans le bonheur. Je me souviens qu'un jour, j'entendais de la belle musique et j'ai commencé à avoir mal au ventre. J'ai réfléchi à ce que j'avais appris et je me suis dit : « Tu es contente d'entendre de la belle musique, tu ne vas pas recommencer, tu dois en profiter. » J'ai fait comme ça de véritables exercices pour m'habituer à ne pas être malade en situation heureuse.

J'ai également appris à ne pas être affectée par le comportement de l'autre. Je dois dire qu'après chaque séance de groupe ou individuelle j'avais franchi un palier, compris quelque chose en plus. Donc là j'ai bien compris que si quelqu'un était agressif, eh bien il était agressif, c'est tout, mais ça ne me concernait pas ; ça me faisait simplement voir que c'était un être agressif, ça me donnait un renseignement sur l'individu qui était en face de moi, c'est tout.

Cela a été très important pour moi d'apprendre à différencier l'autre et moi, et d'admettre que je n'avais pas à être atteinte par les attitudes de l'autre. Je me souviens qu'au début de mon traitement, je disais souvent: «Je me dilue, je n'ai pas de frontières.» J'ai donc pu découvrir mes frontières et ne plus donner aux autres pouvoir de me faire souffrir.

Très rapidement les gros symptômes, c'est-à-dire les crises d'angoisses et les douleurs abdominales, ont disparu et j'ai pu rapidement cesser de prendre des tranquillisants et travailler à temps complet. Non seulement je devenais capable de travailler mais je pouvais créer puisque j'ai créé des consultations dans ma spécialité et ça marche très bien.

Après trois ans, j'ai eu l'idée de faire encore mieux, j'ai créé mon propre cabinet, ce qui m'a demandé une énergie considérable, mais, justement, j'avais à ma disposition toute cette énergie qui était utilisée auparavant pour refouler et souffrir.

Ce cabinet, je l'ai ouvert il y a un peu plus de deux ans et je suis très très contente, ça marche bien, ma clientèle progresse et j'ai créé encore une consultation dans un autre quartier.

J'ai assisté à toutes les conférences qui ont été un apport considérable. Elles m'ont permis de voir rapidement qui j'étais, de comprendre mes structures et celles des autres; j'ai compris que les miennes étaient mes propres outils et j'ai appris à les utiliser. J'ai pu utiliser toutes les connaissances acquises pour voir à qui j'ai affaire et donc j'ai été beaucoup plus efficace dans mon travail. Je ne suis plus dépourvue devant la personne qui souffre comme le sont si souvent mes confrères désarmés qui ne peuvent que donner des tranquillisants; je peux aider mes patients ou les orienter vers des gens efficaces.

J'ai été frappée par les connaissances et la démarche qui conduisent constamment à percevoir les potentialités, à les révéler, les développer, au lieu de s'engluer dans les symptômes pathologiques comme c'est le cas dans bon nombre de thérapies.

Tel un artisan, je sais, face aux événements de la vie, manœuvrer avec les outils qui sont les miens.

Cela ne s'est pas fait en un jour...

Pour mémoire, trente ans de souffrances et quelques séances seulement pour découvrir le bonheur.

Rosine a participé aux groupes pendant trois ans (18 séances par an) et pris quelques séances individuelles.

MICHELLE CHARRAUDEAU

Sous les souffrances un être s'obstinait à vivre

35 ans, célibataire, agent technique

PSYCHIATRIE

de 1966 à 1979, de 22 à 35 ans (treize ans)

Diagnostic : manie dépressive.

Jusqu'en 1966 bonnes études mais état dépressif permanent

1966 dépression intense
Traitement : calmants, antidépresseurs, somnifères
Résultat : pas d'amélioration

1967 1re hospitalisation en neurologie (2 mois)
prise en charge au titre « longue maladie »
Traitement : chimiothérapie, nombreux examens
Résultat : pas d'amélioration
retour au domicile
reprise du travail (sous chimie intensive)
nouvelle hospitalisation
Traitement : chimiothérapie

Plus facile de dire 13 années où alternent :
chimiothérapie, psychothérapie, psychanalyse, 10 hospitalisations, 28 mois arrêt maladie, reprise du travail, crises d'excitation, délires, aboulie, perte de contact, 6 tentatives de suicide, mise sous curatelle en 1978, le Lithium, sans résultat, en 1979, absorbe 60 cachets, gélules, suppositoires par jour

A coûté 900 000 F à la Sécurité sociale
L'avis du psychiatre : « le traitement est bon puisqu'il vous maintient en vie. »

Lorsque Michelle Charraudeau s'est présentée, elle était dans un tel état de délabrement physique, psychique, intellectuel, si profondément installée dans un amoncellement de troubles qu'on ne savait plus quelle part revenait à la maladie elle-même, et quelle autre était due aux destructions par les divers traitements subis pendant tant d'années. Elle n'était plus un être souffrant d'une maladie, c'était une maladie et une souffrance organisées, au centre desquelles un être s'obstinait à vivre.

En toute honnêteté, je refusai fermement, mais gentiment et avec regret, de la traiter. Ce fut ma plus grande erreur de diagnostic. Puis, heureusement, j'ai cédé à ses supplications.

Mes premiers symptômes se sont manifestés en 1965. Je venais de terminer mes études et je commençais à travailler. Tous les matins, dans le métro, en allant au bureau, j'avais tout à coup l'impression que tout le monde me regardait, les larmes me montaient aux yeux, je commençais à trembler, à éprouver de fortes douleurs dans les côtés, dans la tête. Il fallait que je sorte. Je terminais mon chemin à pied (parfois plus d'une heure), en larmes, obligée de m'appuyer aux murs tellement mes jambes tremblaient.

Au bureau, je passais mes journées en crises de larmes. J'en avais marre, je voulais mourir. J'avais de violents maux de tête, des nausées. Lorsque j'arrivais à travailler, on était, paraît-il, très content de moi.

Le médecin que je m'étais décidée à consulter m'a tout de suite mise sous antidépresseur, en intraveineuses et, simultanément, ma proposé une psychothérapie : je devais, chez moi, écrire ma vie, tout ce qui se passait dans ma tête, tout ce que je ressentais.

Je passais mes soirées, mes week-ends, à écrire et à pleurer sur mon sort. Je ne devais aller le voir qu'avec mes papiers qu'il lisait durant le temps de la séance. Puis un jour il s'est mis dans la tête de me faire des séances d'analyse. Il retournait alors mon fauteuil pour être derrière moi, il mettait une lumière tamisée et il attendait, à croire que tout dépendait de la mise en scène.

Il m'était impossible de parler. Ce médecin faisait de moi «le jour et la nuit» et en profitait pour exercer sur moi un véritable chantage affectif pour m'obliger à venir.

Cela a duré environ deux ans pendant lesquels j'allais le voir presque tous les jours. Puis j'ai réagi, disant que je ne voulais plus venir qu'une fois par semaine. Il m'a objecté que c'était trois fois par semaine ou rien du tout. Alors j'ai arrêté.

Peu de temps après, je devais partir en groupe, aux sports d'hiver. Le jour de mon départ je me faisais renverser, volontairement, par une voiture. Rien de grave, je suis donc partie.

Là-bas je vivais complètement seule, repliée sur moi-même. Dès que l'on ne me surveillait pas, je prenais des médicaments qu'il fallait me faire vomir avec du lait. Le dernier jour, droguée à mort, je suis repartie complètement inconsciente, oubliant mes skis sur les pistes et sans mes valises.

Au retour, je suis allée voir un neurologue qui, après deux mois de traitement, m'a fait entrer dans son service à l'hôpital. Là je suis restée deux mois. On m'a aussitôt mise sous perfusions. Je prenais la panoplie habituelle : antidépresseur, calmants, médicaments pour la tension.

Les perfusions me faisaient énormément trembler, me donnaient de forts accès de fièvre. Plus les jours passaient, plus je me sentais mal (crises de larmes, tremblements, saignements de nez), il fallait sans arrêt me faire des piqûres pour me calmer.

Nous étions dans une chambre de douze et tous les symptômes des autres je les éprouvais. Rapidement s'installait en moi l'idée que je devenais folle.

Alors un jour je décidai d'en finir et, pour cela, les mains croisées dans le dos pour ne pas me retenir, je me jetai, la tête en avant, sur le carrelage. Résultat : défigurée pendant plusieurs semaines et très forts accès de fièvre.

Au contact des autres malades, mon état empirait et l'on m'a mise, sur ma demande, seule dans une chambre, dans la maison de retraite attenante à l'hôpital. Là je me suis calmée, j'en suis sortie pour aller en maison de repos.

Pendant mon hospitalisation j'ai eu droit à tous les examens : radios de la tête, électroencéphalogramme, ponctions sternales, etc. On s'évertuait à chercher quelque chose de physique. Bien que ne mangeant pratiquement pas, j'avais grossi de 16 kilos en deux mois avec les médicaments.

De retour à Paris, j'ai repris mon travail, mais les symptômes restaient les mêmes. Suivie par le même médecin de l'hôpital, le traitement était le même. J'y ai fait, en peu de temps, trois séjours.

Le dernier, en 1969, a été assez court. En effet, la nuit on me faisait des piqûres qui me paralysaient. Je voyais les infirmières, je voulais leur parler mais je ne le pouvais pas, je ne pouvais pas bouger non plus. Paniquée, j'ai, un jour, téléphoné à une amie qui est venue me chercher.

À la suite de cela, j'ai fait un deuxième essai d'analyse freudienne. Je n'avais aucune sympathie pour mon analyste. J'étais allongée sur le divan, elle derrière, j'étais complètement bloquée, je ne savais même pas ce qu'elle attendait de moi, ce dont il fallait que je parle, je ne savais d'ailleurs même pas quels étaient mes problèmes. Je n'arrivais même pas à dire que je ne voulais plus revenir. J'étais mal, c'est tout. Cela a duré trois mois, à raison de deux fois par semaine.

Une veille de vacances, j'ai fait une tentative de suicide avec des médicaments. Trois jours en réanimation. Dès mon réveil on m'a mise dans une chambre fermée et interdit les visites. J'y suis restée environ dix jours, mais, étant donné que j'avais des projets de vacances en Italie, le médecin m'a laissée partir sans s'occuper de ce que j'avais dans la tête.

En vacances, au milieu de tous ces gens qui savaient rire et s'amuser, j'étais perdue et tout a recommencé.

On m'a ramenée à Paris où une ambulance m'attendait pour me conduire à l'hôpital. Je ne sais plus combien de temps j'y suis restée.

De retour chez moi, j'étais désespérée. Je savais que je n'arriverais pas à me supprimer par les médicaments, j'y étais trop habituée. Alors j'ai essayé de passer sous une voiture, c'était devenu mon truc. Je jouais avec la vie, traversant les rues n'importe où, n'importe quand, m'arrêtant parfois, paralysée, au milieu des carrefours.

J'ai ensuite vu un neuropsychiatre un peu simpliste. Si je disais « J'en ai marre », il passait la séance (dix minutes) à me répéter : « On ne se suicide pas, on ne se suicide pas, on ne se suicide pas », puis il me renouvelait mon ordonnance et je partais.

Je ne sais pas à la suite de quoi j'ai été envoyée, en urgence, à l'hôpital Henry-Roussel. Pour moi c'était la fin, cet hôpital faisant partie de Sainte-Anne... J'y ai assisté à des scènes très dures, très perturbantes, et j'y ai vécu constamment dans la peur. Le traitement était toujours le même, les résultats aussi d'ailleurs.

J'ai oublié les dates précises des trois autres séjours en établissements psychiatriques. À part quelques événements marquants, c'est le trou noir, j'étais totalement droguée. J'ai également fait une dizaine de séjours en maisons de repos.

Ma dernière hospitalisation date de 1978, deux mois dans une clinique neuropsychiatrique. Là, j'avais une chambre pour moi seule, je ne voulais voir personne et on me laissait ; j'étais encore sous perfusion. Je ne voyais jamais les médecins, on me changeait de traitement, je ne savais pas pourquoi. Le psychiatre qui m'avait envoyée passait me voir presque tous les jours, cinq minutes à l'heure du déjeuner. Cela me faisait très plaisir car je croyais que c'était par sympathie, mais en quittant la clinique j'ai eu à payer et j'ai été bien déçue.

Ensuite, toujours en 1978, je suis allée voir un médecin qui m'a mise au lithium, lequel médicament devait « empêcher les rechutes ». Mon taux de lithiémie ne s'est jamais stabilisé et je passais par des périodes de très fortes excitation et agressivité.

C'est alors qu'a commencé la cyclothymie de la manie dépressive.

J'avais repris mon travail de bureau mais ça n'allait pas mieux. Un jour j'ai dit au médecin que j'en avais marre, que tout cela ne servait à rien. Il m'a répondu : « Le traitement est bon puisqu'il vous maintient en vie. » Quelle vie !

De cette vie, voici le programme : lever à 5 heures, bureau à 6 h 30 jusqu'à 19 heures, puis dîner, médicaments et lit. Avec mes 14 comprimés du soir, je m'endormais dans les trois minutes et absolument rien ne pouvait me réveiller; pendant les week-ends je prenais des médicaments et je dormais.

Cette vie ne m'intéressait pas, et je voulais en finir. Lorsque je me réveillais de ma torpeur dépressive, c'était pour «piquer» des crises de fou rire non motivées qui me rendaient malade et étaient toujours suivies de longues crises de larmes. Mon réveil était aussi pour «acheter». J'achetais n'importe quoi, n'importe comment, de préférence des choses qui ne servaient à rien et que je cachais dans mon placard.

Mon médecin m'a mise en arrêt de travail. Livrée à moi-même, à mon ennui et à mon excitation, j'ai fait de nombreux chèques sans provision et j'avais un gros découvert à la banque. Je le savais mais tout m'était égal.

À la demande de ma famille j'ai été placée, par le tribunal, sous curatelle[1]. C'était en janvier 1979.

À cette époque, outre mon état de malheur et de désespoir, de nombreux troubles faisaient de moi une véritable infirme. Je lisais, au bout de dix lignes je ne savais plus de quoi il était question. Au cinéma, brusquement, je décrochais. J'ai rapidement cessé de lire et de sortir.

Lorsqu'on me parlait, brusquement, je ne comprenais plus ce que l'on me disait, je voyais les gens à travers un épais brouillard et cela pouvait durer plusieurs heures. Lorsque je parlais, c'était pareil. Très vite, je ne savais plus de quoi je parlais.

Certains malaises me troublaient beaucoup. Mes yeux se révulsaient, mes mâchoires se contractaient, j'avais la tête qui partait en arrière, je ne pouvais plus regarder en bas.

Au début, ces malaises se produisaient dans la rue vers 17 heures, au coucher du soleil. J'avais l'impression que c'était le soleil qui m'attirait. Je n'osais plus sortir seule le soir.

Puis, petit à petit, ces malaises se sont produits tout au long de la journée. J'avais très peur, je n'osais plus sortir seule car, dans ces moments-là, la tête en arrière, je ne pouvais pas regarder la rue en traversant.

Lorsque je suis allée voir le médecin il m'a dit que c'était

---

1. La curatelle, c'est le pouvoir donné à une personne nommée par le tribunal pour administrer les biens d'une autre, considérée comme «incapable» ; «incapable majeure», disent les documents officiels.

peut-être le traitement qui était trop fort. Toutefois, au lieu de me le changer, il m'a ajouté un médicament supplémentaire pour « supprimer ces malaises ». Cela ne m'a pas fait grand-chose mais mon seul refuge était les médicaments, alors je les prenais. Je prenais une soixantaine de gélules par jour. J'avais jusqu'à 1 000 francs de médicaments par ordonnance.

En juin 1979 on m'a parlé d'Yves Dienal. Je ne croyais plus à l'analyse, ni au reste d'ailleurs, mais j'ai assisté à sa dernière conférence du 27 juin, et ce qu'il a expliqué m'a fait forte impression. J'ai décidé d'aller le voir.

Les vacances d'été 1979 ne se sont pas bien passées puisque le médecin voulait à nouveau m'hospitaliser. Toutefois j'avais une idée fixe : aller voir Yves Dienal. Je ne pouvais donc pas me supprimer avant. J'attendis avec impatience son retour prévu pour le 3 septembre.

Je me souviens que lorsque je me suis présentée, je lui ai dit : « Vous savez, pour moi, c'est un suicide comme un autre ; j'essaie ça, et si ça ne va pas, c'est fini, je ne tenterai plus rien. J'en ai marre, marre, ça fait quatorze ans que je suis malade. »

Le matin, avant de venir le voir, et sans rien dire à personne, j'ai jeté *tous* mes médicaments, ce qui était encore une forme de suicide puisque les médecins m'avaient toujours dit que cela ne pouvait se faire qu'en milieu hospitalier ; mais l'hôpital à nouveau, même pour supprimer les médicaments, je ne pouvais pas en supporter l'idée.

Aucune réaction, d'aucune sorte ; je dis bien aucune, ou plutôt une et une bonne, j'ai perdu 20 kilos en deux mois, retrouvant ainsi la silhouette qui était la mienne avant 1965.

Pendant ces deux mois, je suis « sortie » complètement de ma « maladie ».

J'étais tellement mal qu'au début Yves m'a prise deux fois par semaine en séances individuelles (pendant deux mois) puis ensuite une séance individuelle par semaine et les groupes (un tous les quinze jours).

Pour moi, le groupe c'était une angoisse épouvantable, je n'avais jamais parlé devant sept personnes, surtout de moi, de mes réactions. Tout me semblait honteux à dire, même pleurer était honteux, et je n'arrêtais pas.

Yves m'avait dit : « Tu verras on s'y amuse même », et c'était pour moi le pire de tout. Si on s'y amusait je ne pouvais pas y aller, ce n'était pas pour moi, je ne savais pas m'amuser. En compagnie des autres j'avais toujours été très seule, parce que j'avais l'impression que les autres pouvaient rire, mais pas moi, ce n'était pas pour moi.

Seulement Yves m'a dit : « Si tu ne viens pas aux groupes, tu ne viens pas non plus en individuelle, parce que les groupes c'est au moins aussi efficace que les séances individuelles, sinon plus. » Encore le chantage !

Le matin du premier groupe, je me suis disputée avec ma collègue de bureau, ça me faisait un prétexte pour être mal, alors j'ai avalé quatre boîtes de Nozinan. Ainsi, au moment du groupe j'étais en réanimation à l'hôpital, j'étais donc bien sûre de ne pas y assister.

Au début je quittais souvent mes séances en me disant : « Yves ne se rend pas compte comme j'ai mal, s'il se rendait compte il ne serait pas si dur », mais j'acceptais, et ensuite j'essayais de repenser à ce qu'il m'avait dit, et je m'apercevais qu'il avait bien compris, qu'il me comprenait toujours parfaitement bien, il savait toujours ce dont j'avais besoin et à quel moment, aussi bien une engueulade qu'une parole gentille.

Au début de mon analyse je ne pensais pas du tout à mon développement personnel, ce que je demandais c'était de sortir de ce tunnel dont je ne voyais pas le bout. Mais très rapidement j'ai compris que « guérir » ne suffisait pas et qu'il me fallait continuer à « travailler ».

Au mois de janvier 1980, c'est-à-dire quatre mois — je dis bien quatre mois — après le début de mon travail psychologique, j'étais convoquée à la Sécurité sociale pour la prolongation de ma prise en charge de « longue maladie » qui durait depuis 1967.

Je n'avais pas vu de médecin depuis le mois d'août et je ne prenais plus un seul médicament.

Le médecin inspecteur m'a dit qu'il trouvait cela merveilleux. « J'aurais aimé prolonger cette "longue maladie", je sais que l'analyse coûte cher mais je vous trouve tellement en forme que je ne peux pas. » Il a également ajouté : « C'est la première fois depuis vingt ans que je supprime une prise en charge de longue maladie à quelqu'un psychiatrisé depuis si longtemps. »

Au mois de janvier, mon chef de service me félicite de mes bonnes relations avec mes collègues de bureau et me promet de me faire changer de qualification car, me dit-il, « tout le monde reconnaît que vous êtes maintenant parfaitement fiable ». Toujours au mois de janvier, je peux partir en vacances, en groupe. C'est le premier voyage dont je ne reviens pas en catastrophe et dont je profite pleinement.

Fin janvier je demande au tribunal ma levée de curatelle qui m'est accordée sans difficulté. Dans le même temps je deviens l'amie du psychiatre chargé d'étudier mon dossier et qui est venu travailler en groupe quelque temps et... chose que je croyais *impossible*... j'ai maintenant retrouvé mon sommeil « naturel ».

Je me suis ouverte au monde, aux autres ; j'ai découvert que je suis extravertie, que j'ai de bons contacts, que les gens ne me rejettent pas comme je l'avais toujours cru. Au contraire, ils me recherchent et ceux qui me recherchent ne sont plus des « malades ».

Je peux à nouveau lire, m'intéresser, aller au cinéma, chez le coiffeur, à la piscine, faire de la gymnastique, et je me découvre un dynamisme qui ne cesse de m'étonner. Toutes ces activités de la vie quotidienne sont simples et banales, mais, perçues du tréfonds de la pathologie mentale, elles semblent se situer bien loin, sur une autre et inaccessible planète.

Un an et quatre mois plus tard, j'ai encore des hauts et bas, mais je sais maintenant que cela ne durera pas, que c'est passager. Lorsque je somatise, je ne pense plus que j'ai quelque chose de physique (pendant longtemps, j'ai pensé que j'avais une tumeur au cerveau), je sais que ce sont des somatisations ; j'arrive maintenant à en retrouver l'origine et dès lors mes douleurs disparaissent. Si j'étais seule maintenant, j'arriverais à faire le point moi-même car je sais comment je « fonctionne ».

Une autre chose a été très importante : Yves et Madeleine ont été les seuls à me considérer comme une « adulte normale » et non comme une malade ; les seuls à m'avoir donné la conscience de ma propre existence et de mes responsabilités face à la vie.

Il est intéressant de rapporter que les résultats de ma psychanalyse n'ont pas fait l'unanimité dans ma famille : « Tu étais beaucoup mieux il y a deux ans, Yves et Madeleine t'ont appris à vivre en égoïste », ce qui montre combien peuvent différer les opinions sur la santé et la maladie de l'esprit, et démontre l'aveuglement — égoïste — à la souffrance... des autres.

Aujourd'hui la maladie est loin, très loin.

Ma personnalité est toujours la même, c'est-à-dire *personnalité hystérique*: exubérante, dynamique, intérêt pour la relation à autrui, besoin de contact, besoin de recevoir, de donner, surtout de l'affection, besoin de jouer un rôle, goût des responsabilités. J'ai appris à utiliser et investir dynamiquement toutes ces qualités inhérentes à ma personnalité, au lieu d'en être la victime.

Cela se traduit dans ma vie: par le rôle prépondérant que j'ai pris dans l'Association Psycho-Santé qui a pour but de promouvoir les travaux de la psychiatrie psychanalytique, par toutes les initiatives et responsabilités que je prends dans mon travail de technicienne, par de nombreux amis et par une activité et des intérêts débordants: sport, cinéma, théâtre, lecture, bricolage, travaux manuels et ménagers, syndicalisme.

Je mène à bien tout ce que j'entreprends. Mais quel travail pour arriver à ces résultats!

La guerre, quand on en revient, est pour certains une expérience de l'horreur et aussi du courage. La pathologie, pour Michelle, fut aussi pour elle l'expérience de l'horreur qui se doubla, par la suite, de l'expérience de la qualité de vie. Toute littérature à son propos est inutile; elle est vivante, dynamique, entourée d'amis, elle s'intéresse à tout...

Cette «incapable majeure» s'est vue assiégée par plusieurs entreprises qui lui offraient des postes à responsabilités, tant pour ses qualités techniques que pour... sa solidité psychologique!

Sa qualité, nous ne lui avons pas donnée, *ses* qualités, nous ne les avons pas créées. C'était l'ensemble de ses énergies qui, mal utilisées, fabriquaient la maladie.

Pour tout commentaire, nous donnons ci-après le schéma technique de la pathologie et celui de l'opération de guérison tel que nous l'enseignons à nos patients et élèves.

Pour mémoire : psychiatrie, treize ans

PSYCHIATRIE PSYCHANALYTIQUE

Avant son 1er rendez-vous, arrête seule, volontairement, toute médication psychiatrique.
Septembre 1979 à décembre 1979 — 3 mois
Reconnue officiellement guérie

1) *médicalement* en décembre par la Sécurité sociale

2) *légalement* en janvier par la levée de curatelle

Poursuit longuement sa psychanalyse pour son épanouissement personnel et l'accroissement de ses connaissances psychologiques

Le coin technique

Fonctions de l'esprit	Sensation et Sentiment prédominants. Pensée bonne, isolée
Introversion et Extraversion	Introversion unilatérale sur une personnalité dynamiquement extravertie
Féminin et Masculin	Féminité infantile. Animus sous-développé
Caractère	émotif, très actif, primaire } Colérique

D'un type très actif, l'énorme quantité de médicaments (jusqu'à 60 par jour) n'arrivait pas à ralentir une locomotive qui avait déraillé.

Le coin technique (suite)

Dépression avec somatisations transformée par la chimiothérapie en psychose maniaco-dépressive.

En 1979, la personnalité est divisée en 2 :
— d'une part, un versant rationnel dirigé par la pensée qui lui permettait d'exercer sa profession de technicienne,
— d'autre part, un versant affectif et sensoriel que la pensée ne contrôlait pas et qui a régressé au fur et à mesure de sa vie et de ses traitements, la laissant progressivement victime de ses ressentis sensoriels, de ses somatisations, et de ses comportements d'enfant capricieuse et désespérée.

Au fil des années, l'accroissement de ses souffrances physiques et affectives accélérait le mouvement, réduisant, dans le même temps, le versant rationnel.

Le traitement a consisté :
— à faire mûrir le sentiment,
— à développer la pensée pour qu'elle arrive à comprendre la relation entre les réactions affectives et leurs conséquences sensorielles et psychosomatiques,
— en un travail analytique de prise de conscience de soi et de développement global de la personnalité.

ET DEMAIN ?

Un paradoxe :
Les limites de l'intelligence —
une ouverture sur l'avenir

Notre idéal, vous le savez déjà, est absolu, donc utopique : guérir toutes les maladies mentales et toutes les maladies physiques qui en sont issues.

Est-il utile d'épiloguer sur nos triomphes et nos défaites dans cette démarche vers l'idéal de la guérison absolue ?

Si nous avons vu des victoires totales sur la pathologie mentale, jusqu'au bonheur de vivre, sans défaites, sans rechutes, nous avons aussi vu des succès suivis de rechutes, que l'on pourrait considérer comme des échecs.

En voilà un autre que nous considérons comme le pire des exemples, et pourtant il associe d'une manière apparemment définitive une victoire et une défaite, aussi spectaculaire l'une que l'autre.

Cécile

C'était en 1964, un samedi, veille de Pentecôte. À la suite d'une émission radiophonique, nous recevions la lettre d'une demoiselle de 30 ans, souffrant d'une névrose d'angoisse d'une intensité telle qu'elle n'était sortie de la maison de ses parents que dix fois en dix ans, pour se rendre à la visite annuelle de contrôle médical de la Sécurité sociale (prise en charge à 100 %). Psychiatrie et psychanalyse avaient été durant ces dix années impuissantes à enrayer le mal.

Depuis quelques mois, les angoisses étaient devenues si insupportables (au sens strict du terme) qu'une lobotomie était prévue pour le mardi suivant.

La jeune femme n'ayant pas le téléphone, nous lui envoyâmes un télégramme la suppliant de surseoir à l'opération. Dans l'impossibilité où elle était de se déplacer, j'allai la chercher à 600 km et la ramenai à Paris.

Après un an de traitement, elle reprenait sa situation au... ministère de la Santé, et se voyait retirer ses 100 % d'invalidité. Cela dure depuis vingt-cinq ans.

Voila pour le succès.

Maintenant, l'échec.

Nous l'avons guérie de sa pathologie, mais elle est restée agressive, malveillante, toujours de mauvaise foi quand ça l'arrange ; jamais heureuse, ni à l'intérieur d'elle-même, ni dans ses relations amicales et sentimentales.

Au fil des années, ni la psychanalyse orthodoxe ni les psychothérapies diverses n'ont pu améliorer quoi que ce soit.

Comment expliquer l'écart, apparemment incompréhensible, entre la stagnation de ce cas et les évolutions spectaculaires des Jeanne, Michelle, René et les autres ?

L'un des paradoxes de notre siècle est que l'homme capable de transplanter un cœur, capable d'aller dans les étoiles, bute devant les angoisses ou la dépression de sa voisine. Le génie sans limites d'une part, et les limites de l'intelligence d'autre part.

En maîtrisant la maladie mentale, sa compréhension, son traitement, nous déplaçons les limites de la psychiatrie, de la psychanalyse et des psychothérapies, mais nous nous heurtons, maintenant, à une limite bien définie, celle de l'*intelligence appliquée à l'esprit.*

Il est ahurissant de dire que nous tirons une partie non négligeable de nos revenus en nous évertuant à convaincre les uns et les autres qu'un enfant peu doué pour les mathématiques *est* peu doué pour les mathématiques, qu'un mari peu doué pour l'amour *est* peu doué pour l'amour et qu'un cactus ne peut pas donner de framboises...

On pourrait croire que cette limite de l'objectivité ne concerne que les patients, mais elle concerne tout autant les praticiens qui sont enfermés dans les limites de la discipline qu'ils ont apprise comme le patient l'est dans son aveuglement.

Une dame de 60 ans est soignée pour dépression grave depuis dix-huit ans (invalide à 100%). Durant ces dix-huit années, trois psychiatres se sont obstinés à lui donner les mêmes médicaments, attendant qu'un jour ils finissent par la guérir.

Je lui proposai une autre thérapeutique (puisque celle utilisée pendant dix-huit ans avait été inopérante), mais la dame et son mari, en accord avec les trois psychiatres, s'obstinèrent à considérer que le traitement habituel la guérirait un jour.

Une épouse, un mari, trois psychiatres attendent que le cactus donne, un jour, des framboises...

Cela semble à peine croyable ou inventé, mais un million de téléspectateurs ont pu entendre, en 1987, un jeune et fringant mandarin conseiller à une dame souffrante et désespérée de continuer les médications qui, depuis seize ans, la laissaient aller de mal en pis. Un jour cela ferait effet, affirmait-il.

Le professeur X. attend, lui aussi, qu'un cactus...

Les tenants de l'orthodoxie psychanalytique (thérapeutes et patients confondus) attendent indéfiniment qu'elle finisse, un jour, par guérir tout ce qu'elle n'a jamais pu guérir, même pratiquée par Freud.

Chacun s'obstine à attendre les framboises...

À nos débuts nous avions un amour fou pour la psychanalyse et un intérêt tout aussi fou pour la psychiatrie. Nos désirs subjectifs étaient que ces deux disciplines révérées nous permettent d'expliquer et de guérir les maladies mentales. Or nous avons constaté, fermement et avec chagrin, que nous étions en face d'un cactus... Le problème, pour avoir des framboises, était de partir à la recherche d'un framboisier...

M. de La Palice nous a alors soufflé à l'oreille que ce que nous cherchions devait être abordé suivant les règles objectives et habituelles de toutes les technologies. Il nous souffla encore que si la psychanalyse et la psychiatrie étaient inopérantes, c'était qu'elles incluaient forcément des erreurs ou des insuffisances, et que continuer à s'appuyer sur ces mêmes doctrines, c'était, à coup sûr, perpétuer les erreurs et les insuffisances. Avant de disparaître, son fantôme nous choqua profondément en nous disant que Freud n'était pas un dieu mais un homme, et que nous avions sur lui l'avantage d'un demi-siècle.

Voilà les limites de l'intelligence humaine qui se rencontrent aussi bien chez les plus distingués praticiens que chez les plus infortunés malades mentaux. Il y a égalité entre le patient qui se maintient dans sa pathologie par ignorance, et le praticien qui l'y maintient par système. La maladie mentale n'est qu'une conséquence particulière des limites de l'intelligence humaine.

Aujourd'hui où nous avons découvert un framboisier, nous regardons là où nous avons découvert un nouveau cactus : les limites de l'intelligence humaine.

Notre recherche ne porte donc plus sur la maladie mentale, mais sur les vices d'intelligence qui provoquent la maladie mentale, que ces vices de l'intelligence se situent chez le patient, dans son entourage ou chez le praticien.

De l'aveuglement naturel aux hommes en matière d'esprit

> « La libre communication des pensées et des opinions est un des droits les plus précieux de l'homme. »
>
> Article XI de la Déclaration des Droits de l'Homme

Nous pourrions, à la satisfaction générale, faire une conclusion démagogique qui réjouirait le cœur de chacun et permettrait de dire : demain, grâce à de nouvelles connaissances, la maladie mentale aura vécu.

Or ces connaissances « nouvelles » existent depuis longtemps. D'une manière plus technique, les travaux de Jung, d'Adler, de Le Senne, de Diel, d'Alexander, de Rogers sont connus.

Comment se fait-il qu'on ne soit pas parvenu, et depuis des décennies, à en faire l'usage heureux que nous sommes en droit de connaître ?

Comment se fait-il que l'Université et les Facultés aient rejeté, ou du moins négligé, des connaissances qui permettent de comprendre et de guérir ?

Comment se fait-il que l'efficacité à laquelle nous nous appliquons depuis vingt ans n'ait sensibilisé ni la psychologie, ni la médecine, ni la psychiatrie, ni la psychanalyse, ni les médias ?

Comment se fait-il qu'il y ait des scientistes, des psychiatres, des freudiens, des jungiens, des lacaniens, des rogériens, des caractérologues, des psychologues, des psychothérapeutes de toutes sortes, et que la guérison de l'esprit soit restée hors de portée ?

Comment se fait-il que Galilée ait manqué d'être brûlé quand il affirma que la Terre tournait autour du Soleil ? Les hommes ne purent comprendre celui-là qui regardait l'univers.

Lorsqu'une vérité est trop vaste pour l'homme, il se saisit alors d'une vérité limitée, à sa mesure, qu'il érige en vérité universelle. Ainsi chaque école s'en tient à son prophète, son dogme, sa religion.

Or l'esprit est un univers qui ne peut être compris que s'il est approché dans sa totalité, et nous avons fait le scandale de mélanger, sans respect des Églises, les prophètes et les dogmes.

Que le Dieu unique et universel nous protège de devenir une Église. Mais l'esprit de religion, qui est à l'inverse du sens religieux, étant naturel à l'homme, le phénomène ne manquera pas de se reproduire. Ce que nous pouvons faire de mieux, c'est d'avoir pleine conscience que nos travaux, aussi élargis soient-ils, ne sont, eux aussi, qu'une partie de la réalité.

Cette envolée philosophique est de celles précisément qui éloignent des réalités concrètes du traitement et de la guérison d'une maladie mentale. Pour la guérir, il faut des mécaniciens de la psychopathologie certes, mais capables de communiquer l'expérience de la vie. On ne s'y prépare guère.

L'Europe est toute proche et les États se mêlent de réglementer le domaine de l'esprit. Déjà, en France, la loi réserve le titre de psychologue à celui qui possède un diplôme.

Jusqu'alors, en bon Français, le terme de psychologue désignait celui qui avait le talent intuitif de percevoir l'âme humaine ; aujourd'hui, et au pays de Bergson, il ne désignerait plus que celui qui possède un titre universitaire. Le talent insaisissable est réduit par l'État et l'universitaire à un parchemin.

Dans de nombreux pays, seul le parchemin donne droit à l'approche de l'esprit. Voici que les États, comme les Églises jadis, au travers de leurs diocèses universitaires, s'attribuent le monopole des vérités spirituelles et le droit de les répandre.

Or l'esprit a pour particularité d'être une mécanique invisible qui ne peut être perçue, disait Bergson, que par le seul talent de l'intuition. L'organisation, toujours contraire à l'intuition, la détruit.

Tout ce qui touche à l'esprit ne peut être enfermé, ni dans un enseignement ni dans un conditionnement, encore moins dans des lois.

Guérir une dépression ou tout autre pathologie consiste au travers d'une connaissance technique certes, à enseigner au patient la vie elle-même qui passe par l'affection, la vie amoureuse, la culture, les arts, la profession, la religion, les joies, les douleurs et les peines, la connaissance de soi et des autres avec nos vices et nos vertus.

Quel possesseur d'une peau d'âne peut prétendre avoir, en faculté, vécu tout ce qui fait la vie ? La connaissance livresque est étrangère à la vie. L'acquisition des diplômes relève du cerveau gauche, alors que le talent psychologique relève, lui, du cerveau droit.

Tous les maîtres de la psychanalyse ont répété que, sans l'expérience de la vie, sans l'expérience de l'analyse, sans la qualité humaine, sans le talent, la formation universitaire est illusion, et nous ajoutons que le fameux parchemin n'est alors qu'une peau de chagrin propre à déformer l'esprit.

Pour apprendre à guérir ou développer l'esprit, il n'est, semble-t-il, qu'un protocole valable : vivre sans espérer devenir un jour psy- quelque chose, avoir des expériences professionnelles distinctes de la psychologie, recevoir au cours de sa propre analyse la formation et l'enseignement de personne à personne, et, hors de l'arbitraire des programmes, en toute liberté d'esprit, lire ce qu'ont écrit les précurseurs.

... S'il apparaît, un jour, que l'on a le talent, alors peut-être est-on prêt.

C'est sur ces critères que sont formés, appréciés et sélectionnés nos élèves et disciples.

C'est la liberté de pensée, la liberté de la pratique de la psychologie qui ont rendu possibles nos recherches, nos travaux cliniques, nos découvertes et, en fin de compte, la guérison des patients.

Que la même liberté de l'approche de l'esprit continue à

régner pour le progrès des connaissances et le salut des patients.

Au nom de cette même liberté, qu'il y ait des praticiens garantis par l'État, et des libres praticiens qui ne le soient pas. Et que les meilleurs gagnent.

Les critiques que nous formulons ne visent ni les écoles, ni les diverses disciplines, ni des catégories de personnes, mais tout simplement des défauts naturels à l'homme. Si on ne peut pas les supprimer, du moins peut-on s'en protéger.

Ce livre, simple démonstration d'efficacité, n'est que l'introduction à deux autres, déjà écrits, qui exposent avec précision l'ensemble de nos connaissances sur l'esprit, en un langage qui se veut accessible à tous :

— le premier, fondamental, traite de *la santé mentale*, définissant une « anatomie » et une « physiologie » générale de l'esprit et leurs variations particulières à chaque personnalité ;

— le deuxième, corollaire du premier, traite des *perturbations mentales*, explique comment se développent les incidents et les pannes de l'esprit, depuis le simple mal-de-vivre jusqu'aux pathologies les plus lourdes, et définit les modes d'entretien et de réparation.

Enfin, nous préparons un ouvrage dans lequel nous nous interrogeons sur les *limites de l'intelligence*, et qui, nous l'espérons, portera peut-être plus loin encore la facilité et la rapidité à résoudre les problèmes et à guérir la maladie mentale.

La preuve par l'efficacité que nous faisons dans cet ouvrage mettra-t-elle fin à ce que Molière fustigeait et que Henri Pradal appelait « la dialectique des symptômes », c'est-à-dire les discours pseudo-savants à propos de symptômes dont on ignore l'origine ? Les possibilités de guérison que nous démontrons serviront-elles de base aux traitements à venir ?

Ces questions restent sans réponse, mais un point est

acquis : toute prétention à la connaissance et au traitement de l'esprit, si elle n'est pas démontrée statistiquement au travers de l'épanouissement de la personne et de son bonheur de vivre, reste prétention scientiste ou intellectuelle.

Le terme *psychiatrie psychanalytique* puisse-t-il être un trait d'union entre les progrès futurs de la biologie et ceux de la psychologie... pour le plus grand bonheur des hommes.

OÙ IL EST PROUVÉ « QU'UNE TÊTE BIEN FAITE VAUT MIEUX QU'UNE TÊTE BIEN PLEINE »

> « Être heureux n'est pas une chance,
> c'est un combat jamais terminé. »

Chacun, malade, bien-portant, praticien, se jette sur les centaines ou les milliers de livres psy dont la liste s'allonge indéfiniment, à la quête d'une réponse sur l'esprit, ses problèmes, ses troubles, ses pathologies...

Voici dix-sept ouvrages, notoirement connus, où nous avons sélectionné les connaissances nécessaires et suffisantes pour comprendre et expliquer le fonctionnement de l'esprit, et en guérir les pathologies.

S. FREUD : *Introduction à la psychanalyse*
De la technique psychanalytique
C.G. JUNG : *L'Homme à la découverte de son âme*
Les Types psychologiques
Dialectique du moi et de l'inconscient
Emma JUNG et James HILLMANN : *Anima et Animus*
Alfred ADLER : *Le Tempérament nerveux*
Le Sens de la vie
Franz ALEXANDER : *La Médecine psychosomatique*
Pierre DACO : *Les Prodigieuses Victoires de la psychologie moderne*
Paul DIEL : *Psychologie de la motivation*
R. LAFORGUE : *Psychopathologie de l'échec*
R. LAFORGUE et R. ALLENDY : *La Psychanalyse et les névroses*
René LE SENNE : *Traité de caractérologie*
Antoine POROT : *Manuel alphabétique de psychiatrie*
Carl R. ROGERS : *Le Développement de la personne*
Ania TEILLARD : *L'Âme et l'Écriture*

« C'est reculer devant l'effort et refuser ses responsabilités que de demander à un médicament de provoquer l'indifférence et l'oubli devant ses devoirs ; c'est un renoncement fatal qui ne peut aboutir qu'à des compromis et à des défaites. Une anxiété doit se soigner en mobilisant ses efforts pour dresser des plans et faire aboutir une conduite réaliste... »

PIE XII
(lors d'un congrès de neurologues,
septembre 1958)

« Pour connaître le bonheur,
il faut sérieusement flirter avec lui. »

Arthur RUBINSTEIN

TABLE

Cet ouvrage composé
par Comp'Infor à Saint-Quentin
a été imprimé sur les presses
de Aubin Imprimeur à Ligugé
pour les Éditions Albin Michel

AM

Achevé d'imprimer en mars 1989
N° d'édition 10617. N° d'impression L 31139
Dépôt légal, avril 1989

Imprimé en France